本书得到国家社会科学基金青年项目（21CJY013）资助。

国家"双一流"建设学科
辽宁大学应用经济学系列丛书
===== 青年学者系列 =====
总主编◎林木西

异质性视域下中国贫困三维分解测度及实证检验研究

A Study on the Three Dimensional Decomposition Measurement
and Empirical Test of Poverty in China from the Perspective of Heterogeneity

冯 星 著

中国财经出版传媒集团
经济科学出版社
Economic Science Press
·北京·

图书在版编目（CIP）数据

异质性视域下中国贫困三维分解测度及实证检验研究/
冯星著 . -- 北京：经济科学出版社，2023.11
（辽宁大学应用经济学系列丛书 . 青年学者系列）
ISBN 978 - 7 - 5218 - 5289 - 9

Ⅰ.①异… Ⅱ.①冯… Ⅲ.①贫困问题 - 研究 - 中国
Ⅳ.①F126

中国国家版本馆 CIP 数据核字（2023）第 199736 号

责任编辑：刘战兵
责任校对：齐　杰
责任印制：范　艳

异质性视域下中国贫困三维分解测度及实证检验研究
冯　星　著
经济科学出版社出版、发行　新华书店经销
社址：北京市海淀区阜成路甲 28 号　邮编：100142
总编部电话：010 - 88191217　发行部电话：010 - 88191522
网址：www. esp. com. cn
电子邮箱：esp@ esp. com. cn
天猫网店：经济科学出版社旗舰店
网址：http://jjkxcbs. tmall. com
北京季蜂印刷有限公司印装
710 × 1000　16 开　14.25 印张　210000 字
2023 年 11 月第 1 版　2023 年 11 月第 1 次印刷
ISBN 978 - 7 - 5218 - 5289 - 9　定价：57.00 元
（图书出现印装问题，本社负责调换。电话：010 - 88191545）
（版权所有　侵权必究　打击盗版　举报热线：010 - 88191661
QQ：2242791300　营销中心电话：010 - 88191537
电子邮箱：dbts@ esp. com. cn）

总　序

　　本丛书为国家"双一流"建设学科"辽宁大学应用经济学"系列丛书，也是我主编的第三套系列丛书。前两套系列丛书出版后，总体看效果还可以：第一套是《国民经济学系列丛书》（2005 年至今已出版13 部），2011 年被列入"十二五"国家重点出版物出版规划项目；第二套是《东北老工业基地全面振兴系列丛书》（共 10 部），在列入"十二五"国家重点出版物出版规划项目的同时，还被确定为 2011 年"十二五"国家重点出版规划 400 种精品项目（社会科学与人文科学 155种），围绕这两套系列丛书取得了一系列成果，获得了一些奖项。

　　主编系列丛书从某种意义上说是"打造概念"。比如说第一套系列丛书也是全国第一套国民经济学系列丛书，主要为辽宁大学国民经济学国家重点学科"树立形象"；第二套则是在辽宁大学连续主持国家社会科学基金"八五"至"十一五"重大（点）项目，围绕东北（辽宁）老工业基地调整改造及全面振兴进行系统研究和滚动研究的基础上持续进行探索的结果，为促进我校区域经济学学科建设、服务地方经济社会发展做出贡献。在这一过程中，既出成果也带队伍、建平台、组团队，使得我校应用经济学学科建设不断跃上新台阶。

　　主编这套系列丛书旨在使辽宁大学应用经济学学科建设有一个更大的发展。辽宁大学应用经济学学科的历史说长不长、说短不短。早在1958 年建校伊始，便设立了经济系、财税系、计统系等 9 个系，其中经济系由原东北财经学院的工业经济、农业经济、贸易经济三系合成，财税系和计统系即原东北财经学院的财信系、计统系。1959 年院系调整，将经济系留在沈阳的辽宁大学，将财税系、计统系迁到大连组建辽宁财经学院（即现东北财经大学前身），将工业经济、农业经济、贸易经济三个专业的学生培养到毕业为止。由此形成了辽宁大学重点发展理论经济学（主要是政治经济学）、辽宁财经学院重点发展应用经济学的大体格局。实际上，后来辽宁大学也发展了应用经济学，东北财经大学也发展了理论经济学，发展得都不错。1978 年，辽宁大学恢复招收工业经济本科生，1980 年受中国人民银行总行委托、经教育部批准开始招收国际金融本科生，1984 年辽宁大学在全国第一批成立了经济管理学院，增设计划统计、会计、保险、投资经济、国际贸易等本科专业。到 20 世纪 90 年代中期，辽宁大学已有外国经济思想史（后改为西方经济学）、国民经济计划与管理、企业管理、世界经济、金融学 5 个二级学科博士点，当时在全国同类院校似不多见。1998 年，建立国家重点教学基地"辽宁大学国家经济学基础人才培养基地"。2000 年，获批建设第二批教育部人文社会科学重点研究基地"辽宁大学比较经济体制研究中心"（2010 年经教育部社会科学司批准更名为"转型国家经济政治研究中心"）；同年，在理论经济学一级学科博士点评审中名列全国第一。2003 年，在应用经济学一级学科博士点评审中并列全国第一。2010 年，新增金融、应用统计、税务、国际商务、保险等全国首批应用经济学类专业学位硕士点；2011 年，获全国第一批统计学一级学科博士点，从而实现经济学、统计学一级学科博士点"大满贯"。

在二级学科重点学科建设方面，1984 年，外国经济思想史（即后来的西方经济学）和政治经济学被评为省级重点学科；1995 年，西方经济学被评为省级重点学科，国民经济管理被确定为省级重点扶持学科；1997 年，西方经济学、国际经济学、国民经济管理被评为省级重点学科和重点扶持学科；2002 年、2007 年国民经济学、世界经济连续两届被评为国家重点学科；2007 年，金融学被评为国家重点学科。

在应用经济学一级学科重点学科建设方面，2017 年 9 月被教育部、财政部、国家发展和改革委员会确定为国家"双一流"建设学科，成为东北地区唯一一个经济学科国家"双一流"建设学科。这是我校继

1997 年成为"211"工程重点建设高校 20 年之后学科建设的又一次重大跨越，也是辽宁大学经济学科三代人共同努力的结果。2022 年 2 月继续入选第二轮国家"双一流"建设学科。此前，2008 年被评为第一批一级学科省级重点学科，2009 年被确定为辽宁省"提升高等学校核心竞争力特色学科建设工程"高水平重点学科，2014 年被确定为辽宁省一流特色学科第一层次学科，2016 年被辽宁省人民政府确定为省一流学科。

在"211"工程建设方面，"九五"立项的重点学科建设项目是"国民经济学与城市发展"和"世界经济与金融"，"十五"立项的重点学科建设项目是"辽宁城市经济"，"211"工程三期立项的重点学科建设项目是"东北老工业基地全面振兴"和"金融可持续协调发展理论与政策"，基本上是围绕国家重点学科和省级重点学科展开的。

经过多年的积淀与发展，辽宁大学应用经济学、理论经济学、统计学"三箭齐发"，国民经济学、世界经济、金融学国家重点学科"率先突破"，由"万人计划"领军人才、长江学者特聘教授领衔，中青年学术骨干梯次跟进，形成了一大批高水平学术成果，培养出一批又一批优秀人才，多次获得国家级教学和科研奖励，在服务东北老工业基地全面振兴等方面做出了积极贡献。

编写这套《辽宁大学应用经济学系列丛书》主要有三个目的：

一是促进应用经济学一流学科全面发展。以往辽宁大学应用经济学主要依托国民经济学和金融学国家重点学科和省级重点学科进行建设，取得了重要进展。这个"特色发展"的总体思路无疑是正确的。进入"十三五"时期，根据"双一流"建设需要，本学科确定了"区域经济学、产业经济学与东北振兴""世界经济、国际贸易学与东北亚合作""国民经济学与地方政府创新""金融学、财政学与区域发展""政治经济学与理论创新"五个学科方向。"十四五"时期，又进一步凝练为"中国国民经济学理论体系构建""区域经济高质量发展与东北振兴""国际贸易理论与东北亚经济合作"三个领域方向。因此，本套丛书旨在为实现这一目标提供更大的平台支持。

二是加快培养中青年骨干教师茁壮成长。目前，本学科已形成包括长江学者特聘教授，国家高层次人才特殊支持计划领军人才，全国先进工作者，"万人计划"教学名师，"万人计划"哲学社会科学领军人才，国务院学位委员会学科评议组成员，全国专业学位研究生教育指导委员会委员，文化名家暨"四个一批"人才，国家"百千万"人才工程入选者，国家级教学名师，全国模范教师，教育部新世纪优秀人才，教育部高等学校教学指导委员会主任委员、副主任委员、秘书长和委员，国家社会科学基金重大项目首席专家等在内的学科团队。本丛书设学术、青年学者、教材、智库四个子系列，重点出版中青年教师的学术著作，带动他们尽快脱颖而出，力争早日担纲学科建设。

三是在新时代东北全面振兴、全方位振兴中做出更大贡献。面对新形势、新任务、新考验，我们力争提供更多具有原创性的科研成果、具有较大影响的教学改革成果、具有更高决策咨询价值的智库成果。丛书的部分成果为中国智库索引来源智库"辽宁大学东北振兴研究中心"和省级重点新型智库研究成果，部分成果为国家社会科学基金项目、国家自然科学基金项目、教育部人文社会科学研究项目和其他省部级重点科研项目阶段研究成果，部分成果为财政部"十三五"规划教材，这些为东北振兴提供了有力的理论支撑和智力支持。

这套系列丛书的出版，得到了辽宁大学和中国财经出版传媒集团的大力支持。在丛书出版之际，谨向所有关心支持辽宁大学应用经济学建设与发展的各界朋友，向辛勤付出的学科团队成员表示衷心感谢！

林木西

2022 年 3 月

前　言

随着 2020 年我国全面脱贫任务的完成，推进巩固拓展脱贫攻坚成果与乡村振兴的有效衔接并实现共同富裕目标开始提上日程。党的十九届四中全会公报指出要建立解决相对贫困的长效机制，十九届五中全会提出要巩固拓展脱贫攻坚成果并进一步推进乡村振兴。目前我国已经完成绝对贫困标准下全面脱贫任务，但是贫困边缘群体依然存在。党的十九大报告指出在坚持我国扶贫大方向的基础上，要更加注意提升贫困人口的个人能力和素质，注重贫困人口的可持续自主性脱贫。理论上讲，经济增长会促进贫困的降低，而收入差距扩大则会阻碍减贫。随着经济增长，尽管中国已消除了绝对贫困，但是居民返贫风险依然存在，因此构建巩固拓展脱贫攻坚成果的长效机制势在必行，而为了更好地保障我国全面脱贫成果，我们应该更充分地了解贫困问题形成的深层次机理，因此在全面脱贫背景下，深入探讨如何进一步保障我国全面脱贫攻坚成果并构建防返贫的长效机制具有极其重要的现实意义和理论价值。本书基于中国健康与营养调查数据（CHNS）总结并分析了绝对贫困标准下我国的脱贫经验，并在此基础上深入分析巩固拓展我国脱贫攻坚成果的长效机制，为推进共同富裕总目标提供理论支撑。

基于异质性视角，本书结合中国国情和现行经济状况，采用数理推导和实证分析相结合的方法，综合微观数据和宏观数据，对基于收入分布变迁的三维贫困分解测度及其实证检验展开系统研究。首先，本书对收入分布变迁与贫困之间的影响机理进行数理分析，揭示了引入收入分布变迁的三维贫困分解方法的合理性；其次，基于新贫困分解方法，采用微观调查数据，研究不同贫困标准下增长效应、离散效应和异质效应对贫困变化影响的微观作用机理，并与传统的贫困分解方法进行对比分析；再次，利用计量技术实证检验三维贫困分解方法及其测度的稳健性；最后，本书分别从增长效应、离散效应和异质效应三个方面深入探析三维贫困分解框架下经济增长、政府补助以及教育异质性对贫困变化的影响机制，进一步构建巩固拓展脱贫攻坚成果的长效机制。以上研究为保障中国全面脱贫攻坚成果、实现乡村振兴等问题提供了理论参考与现实指导。

本书首先基于中国特殊的经济发展状况和全面脱贫背景，分层次梳理了收入分布与贫困的经典理论，并在此基础上提出了收入分布变迁视角下居民三维贫困分解测度及其实证检验的理论观点，即将代表居民异质性的残差效应引入贫困分解中，构造新的三维贫困分解框架。本书从三维贫困分解方法与测度的出发点、数理推导、现实分析及预期展开理论分析，为从实证视角探索中国巩固拓展脱贫攻坚成果的长效机制奠定了理论基础。

为验证三维贫困分解方法的稳健性，本书首先基于反事实思想设计代表收入分布变迁的均值变化、方差变化和残差变化三个动态计量指标，并将其引入传统的贫困分解框架中，首次从增长效应、离散效应和异质效应三个层面解释贫困。同时，本书利用家庭营养与健康（CHNS）微观调查数据对传统的贫困分解方法和三维贫困分解方法的分解结果进行对比分析发现，引入收入分布变迁的三维贫困分解方法在防返贫进程中更合理、更全面，更具有现实意义。实证结果表明，收入增长效应降低了贫困发生率，离散效应恶化了贫困深度和贫困强度，异质效应主要降低了贫困深度和贫困强度，说明收入的增长效应已不足以弥补收入差距扩大带来的恶贫效应，而异质效应却能够弥补收入差距扩大带来的恶贫效应，意味着在全面脱贫背景下，异质效应在中国脱贫攻坚成果巩固与共同富裕进程中将占据越来越重要的位置。

为了进一步验证三维贫困分解方法的稳健性，本书在三维贫困分解框架基础上，采用二值回归模型进一步检验增长效应、离散效应和异质效应的减贫特征。实证结果表明，增长效应和异质效应具有减贫作用，而离散效应具有恶贫作用，且异质效应的减贫作用和离散效应的恶贫作用几乎对等，说明增长效应和异质效应能够提高居民收入水平降低贫困，且异质效应能够弥补离散效应带来的恶贫作用，实证结果与上文中的贫困分解结果具有一致性，进一步验证了三维贫困分解方法的稳健性。

随后，本书从三维贫困分解的增长效应入手实证研究经济增长对贫困减缓的作用机制。研究结果表明，经济增长确实对中国减贫具有显著的正向作用，且经济增长的减贫作用明显高于金融发展和收入分配，其中收入分配的减贫效应最差，说明经济增长在巩固拓展脱贫攻坚成果中依然具有重要作用。同时经济增长和收入分配与减贫之间存在明显的 U 形关系。除此之外，经济增长与金融发展之间存在正相关关系，与收入分配之间存在负相关关系，且金融发展和收入分配之间也存在负相关关系，说明金融发展一方面能够通过促进经济增长降低贫困，另一方面也能够通过缩小收入差距间接降低贫困。但是，伴随着经济增长，收入分配差距也随之扩大，因此在经济增长减贫进程中，收入差距扩大必然会阻碍贫困的减缓。同时，受教育水平等异质性因素对经济增长均存在正向作用，意味着通过提高受教育水平等异质性因素促进经济增长能够间接缓解贫困问题。

同时，本书从三维贫困分解的离散效应入手实证分析政府补助对减贫的作用效果。研究结果表明，政府补助标准对城乡居民减贫存在明显的门限特征，即中国城乡政府补助标准对贫困减缓具有显著的非线性效应，表明我国政府补助福利政策对贫困居民脱贫的影响已不再具备整体性特征，仅当政府补助达到一定标准时，政府补助福利政策才能促进贫困居民减贫，即过高的政府补助标准会导致福利依赖性，使脱贫效果不显著，甚至增加居民返贫风险；而过低的政府补助标准导致政府补助政策无效，居民脱贫效果不显著。除此之外，城乡居民低保补助减贫效果最佳，工伤人员抚恤金减贫效应最差。因此，我国应在加强低保政策建设、改善其他各项政府补助模式的同时调控城乡政府补助标准，进一步完善政府补助政策体系。

最后，本书在三维贫困分解框架基础上，从异质效应入手实证分析了教育异质性在后扶贫时代中国减贫进程中的作用机制。实证结果表明，地区异质性和个体异质性对减贫均存在显著影响。在区域层面上，省份间地区收入不平等的恶贫效应存在上升趋势，收入差距扩大严重阻碍我国居民的减贫进程，城镇化则降低了我国居民贫困，消费率的变化虽然恶化了我国贫困状况，但呈现下降趋势，说明在区域层面减贫政策上，我国应在缩小收入差距的同时，进一步促进城镇化发展；而在个体层面上，年龄对贫困的影响逐渐不显著，家庭人口数的减贫效应呈现下降趋势，而受教育程度的提高促使我国居民贫困大幅度降低，说明在个体层面上，我国应重视教育减贫，在提高教育投入的同时，进一步增加贫困群体的教育补贴，提高居民人口素质，实现可持续自主性减贫。除此之外，教育的减贫效应受区域变量影响明显，在不同区域教育减贫作用存在显著差异。我国东部地区教育减贫效应明显高于中西部地区，但是东中西部经济发展状况不均衡和教育体制完善程度差异导致东部地区教育减贫效应趋势平稳，中部地区教育减贫效应呈现上升趋势，西部地区由于经济发展缓慢和教育机制不完善导致教育减贫效应呈现下降趋势。

由此，本书基于相关理论基础与实证研究提出了异质性视域下三维贫困分解测度及其实证检验的理论观点，在原有的贫困分解框架中引入异质性因素，形成由收入增长效应、离散效应和异质效应三个维度构成的三维贫困分解框架，从不同层次检验了收入与减贫之间的关联机制，并将其归结为增长效应的经济增长减贫机制、离散效应的政府补助减贫机制以及异质效应的教育异质性减贫机制。就现实意义而言，在特殊国情背景下，本书利用前沿技术方法逐步实证检验了收入分布变迁对减贫的一系列作用效果，充分考虑到了收入从不同路径对巩固拓展脱贫攻坚成果的作用效果，对保障我国全面脱贫成果的现实问题具有更好的解释力。最后，本书认为，针对不同区域发展特点，合理地运用促进收入水平提高、缩小收入差距和提高居民个体素质等政策的灵活搭配，在后扶贫时代进一步巩固拓展脱贫成果，实现共同富裕的最终目标。

目　　录

第一章

绪　　论

第一节　研究背景和意义

一、研究背景

贫困一直是困扰人类的普遍性问题，也是当前社会最严峻的挑战之一。虽然随着社会的不断发展，人类物质生活得到了大幅度改善，但是贫困依然存在，各国对贫困问题的研究更加细致也更加深入。为了消除贫困，我国党和政府制定了一系列扶贫政策。改革开放以来，我国政府先后出台了《国家"八七"扶贫攻坚计划》《中国农村扶贫开发纲要》《关于实施教育扶贫工程的意见》等，在我国政府和人民的不断努力下，我国率先实现了联合国千年发展目标中的脱贫目标，实现了中国绝对贫困标准下全面脱贫，为世界各国实现减贫目标提供了借鉴。全面脱贫目标的实现并不意味着扶贫进程的终结，而是代表我国进入了"后扶贫时代"，即进一步巩固我国脱贫攻坚成果。同时，党的十九届四中全会公报指出要建立解决相对贫困的长效机制，十九届五中全会提出要巩固拓展脱贫攻坚成果，进一步推进乡村振兴。因此，总结我国绝对贫困标准下的减贫机理并进一步分析我国贫困形成的深层次原因，对后扶贫时代更好地巩固拓展脱贫攻坚成果并实现共同富裕具有重要意义。

城乡二元化和公共服务市场化等政策均抑制了贫困的降低，城乡二元化体制扩大了城乡居民收入差距，虽然"涓滴效应"能够惠及部分贫困人口，但也有数据表明收入差距扩大带来的不平等会严重阻碍减贫进程（Kakwani and Subbarao，1992；Datt and Ravallion，2002；世界银行，2009）。改革开放以来，随着经济的发展，收入差距也不断扩大，国家统计局数据显示，2018年我国基尼系数达到0.474，远超收入分配差距"警戒线"0.4，说明我国经济增长并没有平等地惠及每个人，贫困人口很难享受经济增长带来的好处，收入分配不平等严重阻碍了我国减贫事业的发展，并且缩小收入差距政策的减贫效应也不明显。同时公共服务领域市场化直接增加了居民教育和健康成本，不健全的社会保障制度进一步阻碍了我国减贫工作的深入。除此之外，我国经济增长的减贫作用逐渐减弱，很难弥补收入差距拉大带来的"恶贫"作用。我国以往减贫主要依靠经济增长，但是随着经济不断增长，收入差距也逐渐拉大，经济增长的减贫作用逐渐减弱，其"边际效应"逐渐递减，尤其是到了21世纪以后，减贫环境越来越复杂，贫困人口下降幅度逐渐趋缓，减贫成本也不断提高，依靠政府转移性支出减贫的作用日渐突出，政府兜底作用明显，并且我国贫困人口脆弱性明显，返贫人口规模扩大。因此，如何进一步构建巩固拓展脱贫攻坚成果的长效机制，防止脱贫人口再返贫，成为后扶贫时代扶贫工作的重点问题。

著名经济学家阿马蒂亚·森（Amartya Sen）认为能力不足导致的机会剥夺是造成贫困的主要原因。世界银行在《1990年世界发展报告》中指出，发展中国家加大教育、健康和医疗方面的投资能够更好地降低贫困。实际上，提倡个人能力提升的"赋权"被世界银行列为三大反贫困战略之一，而我国党和政府的诸多政策文件也提出"扶贫同扶志、扶智相结合"以及提高居民人口素质等方针，这都佐证了在减贫问题上，个体素质等因素至少和物质因素同等重要，将收入分布和个体异质性同时考虑进减贫机制中非常必要。因此，不能忽视个体素质等异质性因素（受教育程度、家庭规模和个体特征等因素）在防返贫中的关键作用。在巩固拓展脱贫攻坚成果阶段，更加需要关注个体异质性因素，提高居民个体素质是后扶贫时代扶贫政策与战略的切入点，因此有必要对个体异质性因素与贫困的关系进行深入探讨，构建后扶贫时代巩固拓展脱贫攻坚成果的长效机制，并进一步推进乡村振兴与脱贫攻坚成果的有效衔接。

二、研究意义

贫困是一个世界性难题，无论是发展中国家还是发达国家均存在贫困问题，只不过各个国家和地区的贫困程度有所差别。无论是通过促进经济发展、大幅增加储蓄和投资来突破"贫困恶性循环"，还是提倡通过将富人收入向穷人转移来解决贫困，对于发展中国家来说这种单纯依靠收入的减贫方式都存在一定的局限，单纯通过扩大投资而缺乏有力的技术创新和制度的支撑很难保证经济的持续增长，而以收入转移为减贫主要方式的再分配政策则存在"福利陷阱"风险，因此在后扶贫时代，很难单纯地依靠收入增长和分配来巩固拓展脱贫攻坚成果。美国经济学家舒尔茨在人力资本贫困理论中认为人力资本要重于物质资本，发展中国家贫困的根源在于人力资本不足而非物质资本不足，因此不能忽视个体特征等因素在巩固拓展脱贫攻坚成果中的作用。所以在全面脱贫背景下，基于异质性视角研究后扶贫时代巩固拓展脱贫攻坚成果长效机制的构建，具有重要的理论和实践意义，具体表现如下。

从理论意义上来说，梳理以往文献研究发现，大多数学者仅从收入增长和收入分配视角研究贫困问题，主要从外部因素研究居民贫困，很少从居民自身内部因素出发研究其贫困的产生和消除。而本书引入居民个体特征等内部因素，从微观上度量个体特征差异对贫困的影响效应，并系统地研究个体特征差异和贫困之间的关系，不仅在一定程度上丰富了该领域的理论研究，还为贫困政策的制定奠定了理论基础。

从实践意义上看，本书通过对中国居民收入增长、收入分配以及个体特征差异和居民贫困之间的关系进行研究，在分析收入增长和分配对贫困的影响效应之外，从内部视角测度了个体特征差异对贫困的影响效用，并从个体受教育程度、健康状况和家庭规模等方面切入，研究个体特征差异对贫困的作用效果，为我国制定后扶贫时代巩固扶贫成果的政策提供一定借鉴。同时，从居民异质性视角出发，配合收入增长和分配减贫措施解决中国居民防返贫问题，更有助于降低脱贫居民再返贫的风险，有利于巩固拓展脱贫攻坚成果长效机制的构建。

综上所述，从居民异质性视角研究后扶贫时代中国居民防返贫问题具有较好的理论意义和实践意义。基于此，本书在以往研究收入增长和收入分配对贫困的影响效应基础上进一步探索解决中国防返贫问题的新路径，尝试从居民自身异质性因素出发研究我国巩固拓展脱贫攻坚成果的长效机制，希望为中国巩固拓展脱贫攻坚成果提供新的政策支持，实现共同富裕的目标。这是一件很有意义的事情，也具有一定的挑战性。

第二节　国内外研究文献综述

一、贫困的内涵与外延评述及研究进展

（一）贫困的内涵

贫困是一种复杂的社会性问题，国内对贫困问题的研究始于改革开放之后，而西方国家对贫困问题的研究已有100多年的历史。贫困的内涵比较宽泛，不同领域对贫困有着不同的界定。学术界大部分研究者界定贫困时主要从"匮乏""社会排斥""能力"三个视角进行。早期学术界认为缺乏物质资料即为贫困，将人民维持基本生存的标准作为贫困标准（Rowntree，1902；美国社会保障署，1990）。随着社会的发展，一些特定的个人或者群体被排斥在参与某些社会活动之外，这些特定人

和群体即为贫困群体（Townsend，1979；世界银行，1980）。能力贫困则是指当一个人的可行能力被剥夺时，其将陷入贫困。可行能力主要指免受困苦、接受教育和政治参与自由等能力（Sen，1999）。而从贫困思想研究历程可知，学术界一般从经济学领域、社会学领域、人类学领域以及心理学领域研究贫困。

1. 经济学领域的贫困观

从经济学视角切入研究贫困问题的观点主要有以下一些：一是以美国经济学家甘斯（Herbert J. Gans）为代表的功能学派贫困观。这种观点认为贫困的存在是合理的，并在社会发展中起到积极作用。一方面，穷人能够承担社会中较为低下的工作；另一方面，穷人主要消费低价商品，延长了低价商品的寿命。二是以斯密为代表的古典政治经济学贫困观。这种观点从市场和就业视角出发，认为贫困是受市场调节的个人选择行为。工人主要依靠提供劳动力获得的工资维持生存，劳动力工资受市场供求关系调节，当市场不景气时，劳动力价格下降，工人工资受到影响随之下降，工人陷入贫困。因此，该观点认为贫困是劳动力市场波动的结果，劳动力供求变化是不可抗因素，所以政府干预无效。结合功能学派贫困观，有人认为劳动力市场波动带来的贫困是社会发展的产物，因此该部分贫困是合理的。三是以马克思为代表的马克思主义制度贫困观。这种观点认为贫困来源于生产资料分配不平等，资本家占有全部生产资料，而工人仅有自身的劳动力。资本家压迫工人阶级，剥削工人阶级剩余价值，使工人阶级陷入贫困。因此，马克思认为造成贫困的根本原因是制度问题，要想消除贫困必须推翻资本主义制度。四是结构学派贫困观。这种观点认为造成贫困的根本原因是经济产业结构的改变，使得一部分工人失去工作后无法适应转变，进而从事低端工作或进入无工作状态。但是在经济发展进程中，结构性转变是常态，因此由于经济结构转变造成的贫困是不可避免的。五是以森为代表的能力贫困观。这种观点认为个人的能力不足是导致贫困的根本原因，只有提高个人的受教育水平、营养状态以及健康状况等才能够从根本上解决贫困。

2. 社会学领域的贫困观

从社会学视角切入研究贫困问题的观点主要有社会权利贫困观和社会排斥贫困观。社会权利贫困观认为影响居民贫困的是社会权利平等而非经济权利平等，当一个人名誉、人格和晋升等权利受到不公平待遇时，其工作、收益以及选举和被选举等权利必将受到影响，进而导致其陷入贫困状态。而贫困群体如果仅要求解决自身的经济贫困而非社会权利贫困时，政府救济政策则无法完全实施，政府部门滥用权力空间变大，因此要想更好地解决贫困问题，贫困人口必须参与返贫政策的制定。社会权利贫困观认为物质资料救济很难从根本上解决贫困问题，要想解决贫困问题必须保证贫困人口的社会权利公平公正地实现。而社会排斥贫困观则认为贫困产生的根源是部分特定人群被经济和政治等排斥在外造成的，排斥是社会整体造成的，是贫困产生的直接原因（Byrne，1999）。在制定政策时要尽可能公平合理并惠及每一个社会成员，而社会排斥经常产生于政策制定缺陷，因此应将贫困人口纳入反贫困政策制定中（唐钧，2002；陈立中和张建华，2006；侯卉等，2012；李雪萍和王蒙，2015）。

3. 人类学领域贫困观

以人类学领域为切入点研究贫困问题的观点主要有贫困脆弱性观点和贫困生涯—转折点框架。贫困脆弱性观点认为个人或家庭会因遭遇某些风险而导致生活质量下降到某一社会公认水平之下（Kuhl，2003；李丽和白雪梅，2010；徐伟等，2011）。贫困脆弱性是由于存在不确定威胁而防御力低下造成的，贫困威胁越大则贫困脆弱性越严重（Galvo and Dercon，2005；樊丽明和解垩，2014）。而近年来，学者们主要从人力资本、物质资本、社会资本、家庭关系以及风险冲击五个方面来衡量脆弱性（陈传波，2005；杨龙和汪三贵，2015；梁凡和朱玉春，2018；李聪，2018）。贫困脆弱性观点认为降低居民贫困的主要路径在于为贫困人口提供资金贷款或保险，使其能够参与社会生产性活动，进而积累物质资料和人力资本，缓解贫困问题。而以朱晓阳（2005）为代表的贫困生涯—转折点框架则认为贫困是由于经历了生、老、病、死、嫁娶、上学以及失业等事件而导致的，这些生活中的大事件为贫困生涯的"转折点"。但是大部分贫困生涯的转折点是可以预测到的，因此政府应该制定相应政策干预这些转折点，降低这些家庭陷入贫困的概率。有学者认为贫困脆弱性和贫困生涯—转折点框架是同一观点，虽然二者都认为不确定事件会导致贫困的发生，但是脆弱性观点的贫困对个人来说是不可预知的，而生涯—转折点框架中导致贫困的事件则是可预测的，因此二者是不同的。

4. 心理学领域文化贫困观

以心理学视角为切入点研究贫困问题的观点主要有贫困文化观和贫困情景适应观两种理论。贫困文化观始于刘易斯（1959）年出版的《贫困文化：墨西哥五个家庭实录》一书，他认为贫困文化是在特定的社会情境下，贫困群体所享有的区别于主流文化观的一种特殊文化。贫困文化是指在社会现有规则下无法获得成功，而不得不陷入的贫困文化圈子（辛秋水，2001；王兆萍，2005、2007；方清云，2013；范颖和唐毅，2017）。因此贫困文化观点认为贫困是长期存在的，并且具有代际传递效应。贫困文化一旦形成就是永恒的，6～7岁的棚户区的孩子已经形成了贫困文化的态度和观念，因此从心理学上讲，他们并不准备改变其所在的文化圈子（Oscar Lewis，1966；吴海龙，2019），并且在美国，贫穷是一种文化形式，是一种特殊存在的生活方式（Harrington，1967）。而贫困情景适应观则认为随着经济结构变迁，每个人都会随着社会发展去调节自身，适应环境发展。一些人由于适应性差和机会不匹配等原因陷入贫困，而另一些人则由于群体之分而被划归进贫困中。在社会中，优势群体占有主流文化，因此穷人只能生存于主流文化之下，适应主流群体指定的规则，而适应较慢的穷人则会招致孤立、排斥和歧视等，这构成了穷人特有的文化圈子。虽然贫困文化观和贫困情景适应观两者都是从文化视角看贫困，但是两者明显不同。贫困文化观认为贫困是永久性存在的，而贫困情景适应观则认为贫困是可变的，随着环境适应性改变而改变。除此之外，还有学者认为贫困并不能构成一种文化，贫困文化只是穷人的生存特征，是外部环境造成的而非自身持有的。

本书通过总结各个领域对贫困的理解，并不是想要判断哪个领域界定得更准确，也不是要判定哪种解释是错误的，因为在不同的历史时期对贫困的理解和界定都带有一定的时代性，都有一定的道理。因此梳理不同领域对贫困概念的界定主要目的在于加深对贫困的理解，多视角解读不同时期人们对于贫困的理解，为以后的贫困研究奠定基础，有助于后续更深入、更多样化地探讨贫困问题。

（二）贫困的测度

测度贫困的指标有基础贫困指标，Sen 贫困指数、Watts 指数、A－F 多维贫困指数以及 FGT 贫困指数，常用的测度指标为基础贫困指标、Sen 贫困指数和 FGT 贫困指数①。

1. 基础贫困指标

贫困发生率是指贫困人口占总人口的比重，主要反映贫困的广度。计算公式如式（1.1）所示：

$$H = q/n \qquad (1.1)$$

式中，q 为贫困人口，n 为总人口。贫困发生率的测度对原始数据要求比较低，更容易计算和理解，但是贫困发生率违背了公理化贫困指数中的单调性和转移敏感性公理，并且贫困发生率测度方法使政策制定者和实施者更多地关注贫困线附近的贫困群体，虽然减贫效率提高了，但是导致减贫政策忽视了代际贫困和慢性贫困的危害。

收入缺口是指贫困者的收入相对于贫困线的差额，反映的是贫困的深度，主要包括收入缺口总额、平均收入缺口和收入缺口率，其中应用较为广泛的是收入缺口率。其计算公式如式（1.2）所示：

$$I = \frac{1}{q} \sum_{i=1}^{q} \left[(z - y_i)/z \right] \qquad (1.2)$$

---

① 弗斯特、格瑞尔和索贝克（Foster, Greer and Thorbecke, 1984）构造了反映贫困的 FGT 指数族，该方法在 Sen 贫困指数研究基础上，完善了该指数。详见本书第一章。

式中，q 为贫困人口，z 为贫困线，y_i 为第 i 个贫困者的收入。虽然贫困深度指数较好地满足了单调性公理，但是由于贫困缺口的权重相同，很难测度贫困内部收入差距扩大对贫困的影响效应，不满足贫困的转移敏感性公理。

2. Sen 贫困指数

森（Sen，1976）结合贫困发生率和收入缺口率指标，并考虑贫困群体内部的收入分配状况，提出了综合的 Sen 贫困指数。计算公式如式（1.3）所示：

$$S = HI[1 + G_p] \qquad (1.3)$$

式中，H 为贫困发生率，I 为收入缺口率，G_p 为贫困群体组内基尼系数。虽然 Sen 在贫困指数设计和贫困理论研究上做出了巨大贡献，但是 Sen 贫困指数存在缺陷。一是 Sen 贫困指数采用确定的贫困线下的人口为标准，忽视了贫困人口中的贫困程度和贫困水平的差异，使得 Sen 贫困指数基础理论不明。二是 Sen 贫困指数不能分解和度量。

3. Watts 指数

该指数 1968 年由瓦茨（Watts）首次提出，该指数满足敏感性、转移性和单调性公理，收入分配敏感性贫困指数对收入变化更加敏感，其计算公式为：

$$W = \frac{1}{n} \sum_{i=1}^{q} \log\left(\frac{z}{y}\right) \qquad (1.4)$$

式中，W 为收入分配敏感指数，q 为贫困人口数，z 为贫困线的数值，y 为收入，该指数主要是对收入取对数，收入取对数后收入变化对贫困缺口更加敏感，该收入包括贫困和非贫困人口的收入。克拉克、海明和乌尔夫（Clark，Hemming and Ulph，1981）在此基础上提出新的收入敏感贫困指数公式：

$$P = \frac{1}{n} \sum_{i=1}^{q} (z, y_i) \qquad (1.5)$$

新指数度量的是个体指标，不包括非贫困人口，代表的是个体贫困人口生活标准。

4. A – F 多维贫困指数

阿尔基尔（Alkire, 2011）和弗斯特（Foster, 2011）在森的贫困剥夺理论基础上，构造了 A – F 指数测度贫困。A – F 指数在识别贫困过程中采用"双界限"的方法。首先要确定多维贫困的维度，其次在不同维度上确定贫困的界限值，即双重界限。第一层是用来识别在不同维度是否被剥夺，第二层主要判断多维贫困是否存在。

设 $Y_{n,d}$ 是 $n \times d$ 维矩阵，其中 $y_{ij} \in Y_{n,d}$ 是不同个体 i 在不同维度 j 的取值，i = 1，2，…，n；j = 1，2，…，d。

判断多维贫困是否存在的主要过程如下：

（1）剥夺临界值：设 $z = (z_1, z_2, …, z_d)$ 向量是剥夺临界值的矩阵，其中 $z_j(z_j > 0)$ 是个体在第 j 个维度被剥夺的临界值（j = 1，2，…，d）。令 $w(w_1, w_2, …, w_d)$ 向量是权重矩阵，w_j 是指在多维贫困中维度 j 所占比例，表明了不同维度的重要性（j = 1，2，…，d）。多维贫困指测量结果主要受不同维度权重的影响，因此测度多维贫困时，多采用等权重法。

（2）剥夺计数：$c_i(i = 1, 2, …, n)$ 是指个体被剥夺的广度，即为剥夺计数，主要是指个体有多少维度被剥夺。

（3）识别函数：表示剥夺的临界值和剥夺计数的结果，根据给定的临界标准值，判断一个个体是否贫困。当个体处于贫困状态时，值为 1，否则为 0。

（4）剥夺矩阵：$g^0 = [g_{ij}^0]$。主要依照剥夺临界值将 $Y_{n,d}$ 转成剥夺矩阵。当 $y_{ij} < z_j$ 时，$g_{ij}^0 = 1$，相反则取值为 0。

（5）审查剥夺矩阵：$g^0(k) = [g_{ij}^0(k)]$。将 g_i^0 转成 $g^0(k)$ 的具体步骤如下：当个体在 k 维度没有遭受贫困时，$g^0(k) = 0$；当个体 i 在 k 维度遭受贫困时，$g_i^0(k) = g_i^0$ 等。而规范化差距审查矩阵 $g^1(k) = [g_{ij}^1(k)]$。首先要确定矩阵 $g^1(k)$ 中不等于 0 的部分，同时 $g^0(k)$ 中不等于 0 的部分在 $g^1(k)$ 中与之相应的部分也不等于 0，$g_{ij}^1(k) = (z_j - y_{ij})/z_j$。

（6）平方差审查矩阵：$g^2(k) = [g_{ij}^2(k)]$。$g^2(k)$ 确定值的过程和 $g^1(k)$ 相同，但是具体的数值是不一样的：$g_{ij}^2(k) = [(z_j - y_{ij})/z_j]^2 = [g_{ij}^1(k)]^2$。最后，A－F 多维贫困指数 M_0 和平均被剥夺份额 A 的计算公式如式（1.6）所示：

$$M_0 = \sum_{i=1}^{n} c_i(k)/nd; \quad A = \sum_{i=1}^{n} c_i(k)/qd \qquad (1.6)$$

式中，n 为家庭数，q 是贫困人口。$c_i(k)$ 是在 k 维度时 c_i 的值。贫困发生率 $H = q/n$，且 $M_0 = H \times A$。由此可以看出，M_0 是由 A 和贫困发生率决定的。

因此可以看出，多维贫困根据不同维度的分解过程进行计算：首先，计算不同维度的贡献额是 $M_{0j} = q_j \times w_j/n$，其中 q_j 是在 j 维度下的贫困发生率。其次，计算 j 维度的贡献率 C_j，公式为：

$$C_j = M_{0j}/M_0 = (q_j \times w_j)/(n \times M_0) \qquad (1.7)$$

5. FGT 贫困指数

弗斯特、格瑞尔和索贝克（Foster, Greer and Thorbecke, 1984）构造了反映贫困的 FGT 指数族，该方法以 Sen 贫困指数为基础并完善了该指数，其具体形式如式（1.8）所示：

$$FGT_\alpha = \frac{1}{n} \sum_{i=1}^{q} [(z - y_i)/z]^\alpha \qquad (1.8)$$

式中，α 为贫困厌恶系数，值越大表示越厌恶贫困，一般取 $\alpha \geq 1$。易知，当 $\alpha = 0$ 时，$FGT_0 = H$；当 $\alpha = 1$ 时，$FGT_1 = HI$；当 $\alpha = 2$ 时，$FGT_2 = H[I^2 + (1-I)^2 CV_P^2]$，其中，$CV_P = S_P/Y_P$ 为贫困群体收入分布的变异系数，反映了贫困的强度。FGT 指数采用权重排序法，将收入缺口作为权重，因此 FGT 贫困指数测量的贫困取决于贫困家庭的实际收入和贫困线之间的差距，并且满足分解型公理，使得该贫困指数能够分解并度量；同时 FGT 贫困指数满足单调性、传递性和转移敏感性公理；最后 FGT 指数表明了贫困能够相互传递的思想是合理的。

（三）贫困线的确定与分类

贫困的内涵界定了什么是贫困，但是并没有给出具体的贫困程度。

而贫困线的度量能够给出确切的贫困现状，因此准确的贫困线是识别一国贫困程度的重要指标。但是实际上贫困线的界定并没有统一的标准，贫困线的界定是一个长期且复杂的过程。贫困的测度主要包括以下几种方法：绝对贫困线、相对贫困线、主观贫困线和多维贫困线。

1. 绝对贫困线

绝对贫困线最早的定义为其他条件不变情况下，被社会成员普遍接受的、固定的最低生活标准，即维持最低基本生活水平所需要的物质资料量（Rowntree，1902）。绝对贫困线主要包括以下几种确定方法：热量支出法（Ravallion，1998）、基本需求成本法、数学模型法（Chatter-jee and Mukherjee，2014）以及一天一美元贫困线等，其中基本需求成本法包括恩格尔系数法（Van Praag，1982）和马丁法（Pradhan and Ravallion，2002）。常用的绝对贫困线测量方法如表 1 – 1 所示。

表 1 –1　　　　　　　　　　　绝对贫困线测量方法

绝对贫困线	测量方法及定义
直接热量摄入法	一个人摄入的热量低于维持最低生活水平所需的热量值即为贫困。该方法简明易懂，但是却存在不一致性，即热量摄入相同的家庭，生活水平可能不同。目前，该方法已无国家使用，但是研究价值仍在
食物能量摄入法	低于购买满足居民基本生活水平的食物摄入能量的消费支出或收入即为贫困。该方法目前依然有部分发展中国家在使用
食品贫困线	低于维持购买居民基本的生存需求商品的消费支出即为贫困
恩格尔系数法	国际粮农组织认为恩格尔系数超过 60% 即为贫困。恩格尔系数 = 食品支出/消费总支出，该方法对非食品类消费价格不敏感
马丁法	在明确基本食品支出后，利用统计模型和数据测算食品支出和总支出的关系，进而测量出贫困线标准
一天一美元贫困线	1990 年世界银行将一天一美元作为贫困线；1994 年世界银行以 1993 年购买力平价为标准，将贫困线大约设定在每天 1.08 美元；2008 年世界银行以 2005 年物价指数为标准，将贫困线修改为每天 1.25 美元；2015 年世界银行将贫困线标准设定为每天 1.9 美元
营养摄入法	首先明确营养摄入量的最低标准，得到摆脱贫困所需的最低收入，进而得到贫困线。该模型旨在度量营养摄入数量、结构和收入之间的关系

续表

绝对贫困线	测量方法及定义
经济计量	按照柯布—道格拉斯的"线性支出系统"构建收入和各项消费之间的数理模型，进而明确基本生活需求和非基本生活需求，测算出贫困线

资料来源：世界银行。

国内学者也对绝对贫困线的测度方法进行了探讨研究，并根据贫困的概念界定了国内贫困线。童星和林闽钢（1993）通过《我国农村贫困标准线研究》将中国贫困划分成特困线、温饱线和发展线三部分。有学者研究发现"马丁法"测算贫困符合中国贫困的实际情况（刘欣，1996；马俊贤，2001；刘建平，2003），并且采用"马丁法"测算贫困具有实用性强、操作简单和理论完善等特点（杨立雄，2010）。因此有学者利用统计年鉴中的数据采用"马丁法"测算出中国农村贫困线，但是采用不同数据"马丁法"测算出的贫困线有所不同，且测算结果与中国官方贫困线标准存在差异（张全红，2010），因此有学者对马丁法进行了改进，利用改进马丁法测定最低工资标准更贴近现实（林原和曹媞，2012；金璟和李永前，2014）。

2. 相对贫困线

随着绝对贫困线测度研究的深入，彼得·汤森（Perter Townsend，1979）提出了相对贫困线，采用收入比例法定义贫困标准。一个家庭或个人的收入水平如果远远低于社会的平均水平，那么就很难参与到社会活动中来，即被社会排斥在外，就处于相对贫困状态。相对贫困线的测算方法主要有收入比例法、食物比例法、扩展线性支出系统法和莱登法和百分比法（见表1－2）。

表1－2　　　　　　　　相对贫困线测量方法

相对贫困线	测算方法及概念
收入比例法	将某个地区或国家的平均收入或收入中位数乘以一定比例来确定相对贫困线

续表

相对贫困线	测算方法及概念
食物比例法	设定一个食物消费支出占总收入的最大比例作为相对贫困线，若高于这个线即为贫困
扩展线性支出系统法	利用扩展线性支出计量模型，寻找购买满足居民主要生活标准的消费支出的货币值，即为相对贫困线
莱登法	利用数据调查，确定一个社会福利和收入的关系，即为相对贫困线
百分比法	直接确定一个收入分布的百分比，该百分比线即为相对贫困线

由于绝对贫困线测度的贫困标准可能高于国家官方贫困标准，因此有学者采用扩展线性支出系统法来测算贫困线，发现该测算方法更有效（祝梅娟，2003；张永梅，2007），进而张艳涛、白云涛和韩国栋（2007）利用江西省消费数据测算了其贫困线，发现扩展线性支出法无论是实践上还是理论上都更加贴近中国贫困的实际状况。同样有学者通过改进扩展线性支出系统法来测算贫困线和低保线，发现该方法更贴近现实（江华和杨雪，2014；韩旭峰，2017；李敏艺，2018）。但是采用甘肃省2007~2009年居民收入与支出调查数据并利用扩展线性支出系统法测算贫困线发现，甘肃省农村贫困线可能被低估（汪晓文，2011）。因此选取适合的贫困线才能够更好地测度一国贫困，否则将直接影响国家消除贫困政策的制定，进而影响一国的减贫进程。

3. 主观贫困线

20世纪70年代，荷兰经济学家阿里·卡普坦（Arie Kapteyn）、维克托·哈尔贝斯塔特（Victor Halberstadt）和西奥·格德哈特（Theo Goedhart）等提出了主观贫困线，主观贫困线的确定一般采用直接调查受访者满足其最低生活标准的收入是多少的方法，进而加权其算术平均值作为贫困线，主要分为收入法和支出法（见表1-3）。同时，通过实证研究发现主观贫困线的测度方法就是绝对贫困线和相对贫困线测度方法的混合（Hagenaars and Van Praag，1985）。

表 1 – 3 主观贫困线测量方法

主观贫困线	测量方法及内容
收入法	调查受访者维持个人基本生存条件的最低收入，进而取得各受访者的算术平均值作为主观收入贫困线，收入低于该贫困线即为贫困
支出法	调查分析受调查人群满足生存的基本需求支出，并求得所有受调查人群的需求支出平均值，若收入低于该平均值则为贫困

4. 多维贫困线

随着贫困问题研究的不断深入，研究人员发现单纯地依靠收入来测定贫困无法完全反映贫困状况，因此学者开始多元化地测定贫困标准，但是目前依然没有一个固定的标准。贫困与人类发展中心主任阿尔基尔（Alkire，2007）认为，具有表征能力的多维贫困测度能够更好地识别贫困，更精准地获取贫困信息，进而为脱贫政策的制定提供有效信息，并基于此提出了贫困指数加总和分解的方法（Alkire and Froster，2011），随后在多维贫困测度中提出了人类贫穷指标体系等研究方法，并通过实证检验测度了多维贫困标准。国内学者也对多维贫困线进行了探讨研究。肖佑恩等（1990）利用居民收入、消费、农村生产水平等 5 个方面的 11 个指标测度了农村贫困线标准。随着精准扶贫战略的推进，多维贫困测度研究呈现井喷式发展，涌现出大量对多维贫困的测度以及指标选取研究，并测度了贫困的动态变化以及如何缓解贫困（郭建宇和吴国宝，2012；孙秀玲等，2012；田伟，2014；郑长德，2016；揭子平，2016）。随着精准识别和精准扶贫的深入，区域性多维贫困测度发展起来，基于地理区域的多维贫困测度可以更精准地识别区域性贫困特点，为精准扶贫政策制定提供坚实依据（王艳慧，2013；刘艳华，2015；刘小鹏，2017）。

综上可知，贫困的测度随着不同历史时期对于贫困内涵理解的不同而不断转变，不同的贫困测度方法均有其优势，针对不同的社会目标，服务于国家不同历史时期的战略需求。可以看出，贫困的测度在不断地向多样化和多维化发展，但是截至今日绝对贫困线、相对贫困线和主观贫困线依然有其独特的优势，应用依然广泛。虽然目前对于各项贫困线的研究已经十分深入，但是随着时代的发展，我们依然需要不断地对贫困问题进行更进一步的探讨，从不同视角去研究贫困。

二、收入分布文献评述及研究进展

收入分布就是收入在分配过程中导致的最终结果。收入分布能够更好地判断经济发展过程中收入变化所导致的不平等，更有助于判断经济增长的本质，并且能够更好地衡量经济变化状态。因此本小节将对收入分布理论进行梳理和预期。

（一）收入分布的测度

收入分布的测度技术能够为收入分配、不平等以及组群规模差异问题的研究提供定量的分析，对于理论的验证与政策的制定具有重要意义。对收入分布的测度，主要在于对收入分布函数拟合方法的选择。现有的收入分布拟合方法主要包括参数法、非参数法与半参数方法等。

收入分布测度的方法主要有参数、半参数和非参数方法。1895 年帕累托提出了帕累托分布法，这是最早的收入分布参数法，该分布利用概率函数描述收入的分布状态。帕累托分布能够较好地描绘高收入水平的分布状态，但是很难描绘好低收入水平收入分布状况。虽然帕累托分布局限性较大，但是目前在收入尾部特征分析中仍具有广泛的应用。为了解决帕累托分布的局限，阿蒙（Ammon，1895）和马奇（March，1898）利用 Gamma 分布拟合居民的收入分布，吉布拉特（Gibrat，1931）则利用对数正态分布拟合收入分布曲线。19 世纪 60 年代，萨勒姆和蒙特（Salem and Mount，1974）利用上述两种方法对美国收入分布进行拟合，结果发现 Gamma 分布的拟合结果要远优于对数正态分布法。随着科技进步，部分学者开始采用控制参数法对收入分布进行拟合，主要有 Singh - Maddala 分布（Singh and Maddala，1978）、Dagum 分布（Dagum，1977）和广义的 Gamma 分布（Taillie，1981）等，这些拟合方法均为三参数拟合法，其拟合程度要远远高于参数法。继而出现了广义 beta1 与广义 beta2 分布方法（McDonald，1984）、五参数广义 beta 分布法（McDonald and Xu，1994）和双 Pareto 对数正态分布方法（Reed，2003；2004）等。虽然多参数法拟合效果更好，但是操作较为烦琐，因此收入分布拟合的主流方法依然是二参数法。

1955 年默瑞·罗森布拉特（Murray Rosenblatt）在直方图基础上提出了非参数估计法。1962 年伊曼纽尔·帕赞（Emanuel Parzen）在此基础上进一步探索出非参数核密度估计法，该方法无须事先设定收入的函数形式，避免人为设定误差，目前得到广泛应用。但是非参数估计法需要设定带宽，不同学者分别给出了不同的最优带宽选择方法，提高了非参数核密度估计的拟合程度（Budemo，1982；Bowman，1984；Hall，1992；Ahmad and Ran，2004）。皮特奥和泽利（Pittau and Zelli，2004）利用非参数核密度估计法拟合 20 世纪 90 年代意大利居民收入状况，研究发现该方法拟合程度较高。还有学者利用该方法研究收入分布，发现收入增长和结构变化均会影响收入差距扩大（Jenkins and Van Kerm，2005；2016）。虽然非参数核密度估计拟合效果好，且避免了人为设定误差，但是在拟合过程中过于依赖图像，无法有效应用于计量研究。

由于参数估计和非参数估计均有自身的局限性，因此有学者提出了半参数估计法。其中 1957 年埃德温·汤普森·杰恩斯（Edwin Thompson Jaynes）提出的最大熵估计法和 1977 年亚瑟·邓普斯特（Arthur P. Dempster）提出的 EM 估计算法是半参数估计法的代表。最大熵估计法是利用已知信息去估计未知的概率分布，使得 Shannon 熵值取最大；而 EM 估计算法主要采用反复迭代法，事先假定未知的数据，然后利用 E 步和 M 步反复迭代修正结果，最终得到最优值。虽然半参数估计法避免了参数和非参数估计法的弊端，但是由于其有效性和一致性并未获得验证，因此该方法并未得到广泛应用。

随着收入分布拟合的不断发展，国内学者开始研究中国居民收入分布的拟合。针对参数估计，国内学者利用帕累托分布拟合中国居民收入分布（王海港，2006），发现帕累托分布和指数分布拟合效果更好（赵志君，2011），并且多参数拟合效果要强于两参数拟合法（张萌旭，2013）。而对于非参数核密度估计法拟合中国居民收入分布，有学者发现收入分布形态改变能够抵消位置改变的作用强度（陈娟和孙敬水，2009）。陈云（2013）利用核密度估计拟合居民收入分布，将收入分布分解为收入增长和离散效应。而孙巍和苏鹏（2013）采用非参数核密度估计拟合中国城镇居民收入分布变迁，将收入分布分解成均值、方差和残差的变化，即收入增长、分配和异质效应。而针对半参数估计法，有学者利用最大熵估计拟合中国1985～2001年居民收入分布状况发现，最大熵估计法拟合效果并不好（Wu and Perloff，2005）。而基于广义矩估计并结合最大熵估计法拟合中国居民1985～2009年收入分布变化，结果发现这种拟合方法拟合效果较好（王亚峰，2012）。阮敬等（2015）利用EM算法拟合中国城乡居民收入，研究发现EM算法拟合效果较好。上述收入分布拟合方法，为后文引入收入分布变迁的贫困分解奠定了基础。

（二）收入分布的应用

收入分布目前广泛应用于收入不平等测度和收入组群比重分析，其中在收入不平等测度方面包含了贫困线的测算，而在收入组群比重测算方面主要测算中等收入群体比重。

对收入分布的测算能够更好地描述收入在分配中的形态，进而能够更深入地研究收入不平等对贫困、消费以及经济的影响。最初部分学者假定居民收入分布服从某一具体形式，进而利用数据计算出收入分布函数，通过收入分布函数能够更精确地计算出收入不平等状况。艾伯特（Ebert，1984）利用基尼系数替代收入分布函数中的参数，进一步测量收入不平等与流动性之间的关系。随后，部分学者采用非确定的收入分布形式，将收入分布与增长发生曲线（GIC）、Lorenz曲线和贫困增长曲线（PGC）等变异曲线结合，形成新的收入分布函数。其中卡克瓦尼（Kakwani，1980）与沙德和史密德（Schader and Schmid，1994）采用Lorenz曲线与收入分布函数相结合形成新的函数，对收入分布不平等进行测算。而马丁和陈（Martin and Chen，2001）则基于 Lorenz 曲线测算贫困率，同时测算出收入的不平等状况，即为贫困发生率曲线。与贫困发生率曲线不同的贫困增长曲线通过个体特征对人群特征的替代考察收入分布不平等，并将收入分布分解，得出收入分布变动的主要来源，最后提出政策建议（Son，2004）。而 2007 年弗朗索瓦等（Francois et al.，2007）利用反事实分析法分解美国和巴西的收入，分解结果发现非劳动收入和异质性因素教育是使其收入差距扩大的主要原因。除此之外，基于非参数核密度估计法，收入分布变化也能够反映收入组群的变化。沃尔夫森（Wolfson，1994）研究发现，随着收入分布的变化，中间位置密度降低而两边位置密度增大，说明收入逐渐极化。而基于收入分布函数采用 S－曲线和 M－曲线能够解决收入分布测算的界线依赖性问题，能够更好地测算组群密度变化情况（Foster et al.，2010）。

国内学者同样通过收入分布变化研究国内收入不平等，将基尼系数引入收入分布函数，在此基础上测算国内收入不平等和贫困状况（张萌旭和陈建东等，2013；刘洪和王超，2017），并利用收入分布函数测算国内贫困发生率和贫困线（王兢，2005）。也有学者将 Lorenz 曲线引入收入分布函数，测算国内收入不平等程度，并进一步描述国内贫困变化趋势（林伯强，2003；康璞和蒋翠侠，2009；黄恒君，2012）。国内部分学者将收入分布引入贫困研究，发现贫困是收入增长、分配和贫困线变动共同作用的结果（阮敬，2008）。陈飞和卢建词（2014）则通过对收入分布函数分解研究发现，收入增长能够降低贫困，但是收入不平等却加剧了贫困。除此之外，通过对收入分布形态和位置变化的研究发现中国高收入组群增加，并且在 2000 年以后出现异质性组群（刘靖等，2009）。进一步，有学者通过核密度估计研究发现，收入分布密度右移，说明高收入组群增加，中低收入组群密度减小（纪宏和陈云，2009；朱长存，2012）。王艳明等（2014）和龙莹（2015）分别采用改进的 M－曲线和非参数核密度估计法研究收入分布变化对组群的影响，同样发现中国高收入组群密度增加，中等收入组群呈现下降趋势，意味着中国收入极化现象明显。以上针对收入分布的研究为本书引入收入分布变迁贫困指数分解的研究提供了坚实的基础，通过对收入分布在收入不平等和贫困问题上测算的了解，后续将收入分布变迁引入贫困问题的研究能够在此基础上进行更深入的探索，进一步探讨后扶贫时代如何更好地巩固拓展脱贫攻坚成果。

三、收入分布变迁视角下减贫文献评述及研究进展

贫困是一个世界性难题，虽然各国发展程度不同，但均存在贫困问题，只是贫困的严重程度不同而已。最早开始系统性地研究贫困问题的是英国经济学家本杰明·西博姆·朗特里（Benjamim Seebohm Rowntree），自此不同学者开始从不同角度研究贫困问题。本书主要涉及经济增长、收入分配、异质性对贫困的影响效应，因此将梳理收入分布变迁和贫困领域的文献。而收入分布变迁主要是指收入在变动过程中的收入水平、收入差距以及收入极化效应的动态变化趋势，即为收入的均值、方差和残差效应（孙巍和苏鹏，2013；杨程博和孙巍，2014），其中残差效应是指由居民受教育水平以及家庭规模等异质性因素导致的收入的不同，所以将收入分布变迁因素引入贫困指数分解框架研究贫困问题会更全面、更细致。

（一）基于经济增长的金融发展减贫文献梳理

国内外学者针对金融发展减贫效应进行了深入研究，发现金融发展一方面通过经济增长和收入分配间接影响减贫，另一方面通过金融服务直接作用于减贫。部分学者通过实证与理论研究发现，金融发展主要通过促进经济增长进而降低贫困（Dollar and Kraay，2000；Honohan，2004；Jalilian and Kirkpatrick，2005）。珍妮和克波达尔（Jeannene and Kpodar，2011）利用广义矩估计模型实证研究金融发展、收入增长和减贫之间的关系发现，金融发展通过促进经济增长和缩小收入差距来降低贫困。尼古拉斯（Nicholas，2010）研究发现，经济增长是肯尼亚金融发展促进贫困减少的重要因素。但是也有学者研究发现，金融发展带来

的经济增长减贫效应可能会被金融发展带来的收入不平等和金融波动所带来的恶贫效应抵消，进而导致金融发展与减贫之间的关系存在不确定性 (Jeannene and Kpodar, 2005)。因此，部分学者研究金融发展的直接减贫效应，研究发现随着金融发展，信贷约束随之放松，穷人开始参与到金融市场获取金融服务，这有利于减贫 (Galor and Zeira, 1989; Clark, Xu and Zou, 2006)。而格雷戈里奥和金 (Gregorio and Kim, 2000) 和毛雷尔和加伯 (Maurer and Gaber, 2007) 等则认为金融服务的获取是存在门槛的，金融发展更多地为富人服务，因此随着金融发展社会贫富差距将随之扩大，进而恶化贫困。而格林伍德和约万诺维奇 (Greenwood and Jovanovic, 1990) 则认为金融发展和收入分配之间存在倒 U 形特征。由此可见，金融发展通过收入分配作用于减贫效应依然存在不确定性。除间接效应外，金融发展通过金融服务直接作用于减贫，金融发展的减贫效应是显著的 (Martin and Chen, 2007; Pablo, 2012)。金融发展可通过促进投资、改善环境、降低收入波动、提高生活质量以及直接增加穷人收入等方式降低贫困 (Gulli, 1998; Michael and Barr, 2005)。巴赫蒂亚里 (Bakhtiari, 2006) 通过对孟加拉国、泰国以及印度等微型银行反贫困研究发现，微型银行一方面通过平滑穷人消费、规避风险和资产构筑等行为提高穷人收入水平，另一方面通过改善资源配置和市场环境等措施促进经济增长进而降低贫困。金融发展主要是通过微型金融和非正规金融机构提升穷人参与金融服务的信心、社会地位和收益等，直接作用于贫困人口，进而降低其贫困 (Ghazala et al., 2007; Mahjabeen, 2008; Maladonado and Gonzalez, 2008; Rooyen, 2012)。当金融发展用私人部门信贷余额作为衡量指标时，金融发展对减贫具有正向作用，并能够拓宽穷人利用资金的渠道 (Abosedra, Shahbaz and Nawaz, 2015)。但是由于信息不对称和金融服务成本高等金融市场条件限制，金融发展的直接减贫效应也存在不确定性，若穷人很难通过正规金融获取资金，那么金融服务的减贫效应则很难发挥作用 (Jia et al., 2010; Ghosh et al., 2001; Ranjan and Zingales, 2003)。综上所述，在不同国家之间或同一国家不同区域之间各种不同因素作用下，金融发展通过经济增长和收入分配间接作用于贫困减缓效应存在不确定性，并且金融发展的直接减贫效应也存在不确定性。虽然国内外对于金融发展对减贫作用效果观点存在差异，但是二者之间存在正相关关系用这一观点仍然被广泛接受。

金融发展增长效应减贫理论认为，金融发展最重要的减贫路径是通过促进经济增长降低贫困。贾利里安和柯克帕特里克（Jalilian and Kirk-patrick, 2005）通过对金融发展、经济增长和减贫之间的关系研究发现，金融发展不仅能够促进国民生产总值的增长，经济增长率和贫困人口收入增长率之间同样存在促进作用，并且金融发展不仅能够促进国内生产总值增加，还能够降低绝对贫困人口（收入在 1 美元/每天以下）比重，金融发展水平每提高 1%，绝对贫困随之下降 0.25% ~ 0.3%（Honohan, 2004）。塞利姆和凯文（Selim and Kevin, 2009）采用 1993 ~ 2004 年 54 个发展中国家的面板数据，并利用固定效应矢量分解研究发现，稳定的金融体系更有利于穷人的发展。随着金融发展水平不断提高，国民收入水平呈现上升趋势而收入分配差距呈现下降趋势，意味着金融发展能够通过提高收入和缩小差距降低贫困（Jeannene and Kpodar, 2011）。尼古拉斯（Nicholas, 2010）利用协整和误差修正模型对肯尼亚金融发展与贫困的关系进行研究发现，肯尼亚贫困降低的主要因素来自金融发展带来的经济增长。金融发展不仅能够降低贫困规模，还能够降低贫困深度和贫困强度（Imai et al., 2010）。伴随着金融发展，金融规模扩大对本地区和邻近地区多维减贫均存在正向促进作用（师荣蓉和丁改云，2019）。

但是也有研究表明金融发展与减贫之间存在负相关关系，当金融发展带来的分配不平等效应高于收入增长效应时，金融发展不利于减贫（Galor and Zeira, 1993; Banerjee and Newman, 1993; Ravallion, 2001）。兰詹和津加勒斯（Ranjan and Zingales, 2003）研究发现竞争性的金融环境更有利于降低贫困，但非竞争性金融不仅不利于减贫，还会使富人受益。虽然有研究表明非正规金融和地方中小企业金融机构发展有利于减贫（张立军，2006；彭建刚和李关郑，2006），但同时也有研究发现非正规金融更有利于中高收入家庭多维贫困的减少，对家庭收入和资产具有负向离散效应，不利于中低收入居民减贫（周强和张全红，2019）。以上研究表明，金融发展主要通过经济增长和收入分配间接作用于减贫，同时也会通过金融服务直接减贫。但是在不同国家之间或同一国家不同区域之间各种不同因素作用下，金融发展通过促进经济增长和缩小收入分配间接减贫的作用效果存在不确定性，金融发展与减贫之间可能存在正相关关系，可能存在负相关关系，也可能存在非线性关系，因此本书在此基础上进一步分析经济增长、收入分配和金融发展与减贫之间的作用机制。

（二）基于收入分配的政府补助减贫文献梳理

美国发展经济学家纳克斯（Nurkse，1953）系统地提出了"贫困恶性循环理论"，解释了发展中国家的经济长期停滞不前的原因。纳克斯认为，发展中国家陷入长期贫困的原因在于其经济中存在若干互相作用、互相联系的"恶性循环系列"，其中"贫困恶性循环"起主要作用。本书的基本假设为，贫困人口更容易陷入贫困的恶性循环，即"贫困陷阱"或"低水平均衡"。只有打破贫困的临界值才能够摆脱贫困，否则暂时脱贫后将重新陷入贫困。本书选取政府补助这一变量，研究政府补助脱贫的临界效应，探讨合理的政府补助标准，尽量防止"贫困陷阱"的出现。"贫困陷阱"理论认为，只有初始条件达到一定门槛的人群才能摆脱贫困。因此，只有当政府补助标准达到一定的门槛值才能有效脱贫，不满足条件的人群则更容易再次陷入贫困，进而产生贫困的恶性循环。

随着党中央将扶贫开发计划纳入"五位一体"总布局和"四个全面"战略布局中，加大扶贫资金投入规模的同时创新扶贫模式，成为解决我国贫困问题的关键。解决贫困问题就要发挥政府的主体作用，处理好政府、市场和社会的关系。应在政府的带领下加强城乡贫困地区经济发展，解决城乡贫困居民生存问题，进而增强其自我发展能力，带领全社会人口迈进全面小康社会。政府支出是扶贫工作的主要方式，令人满意的政府支出有利于减轻贫困现状和对未来的影响（Bosco and Poggi，2016）。政府转移性支出越高表明一国福利政策越好，大多数国内外研究人员认为质量高的福利政策能够降低一国贫困率。博斯科和波吉（Bosco and Poggi，2016）利用2008～2011年欧盟的收入和生活条件数据进行实证分析发现，贫困风险与政府支出和中产阶级规模存在负相关关系，并提出好的政策制度有助于居民脱贫。肯沃西（Kenworthy，2017）利用1960～1991年15个富裕工业化国家的数据，使用绝对和相对贫困率来研究社会福利政策的脱贫效果，结果表明福利计划有助于减少贫困。瓦莱塔（Valletta，2006）利用LIS数据研究了德国、加拿大、英国和美国四国政府政策对贫困的影响，发现欧洲政府税收和政府转移政策能更好地解决贫困问题。特纳（Turner，1998）认为住房援助能够更好地解决城市内部贫困问题，并提出美国住房和城市发展部（HUD）应进一步完善住房援助措施，同时加强住房援助部门的奖励措施。徐爱燕和沈坤荣（2017）利用我国29个省份的数据多元回归发现，经济性财政支出和社会性财政支出对脱贫具有正向作用，且经济性财政支出作用效果更显著。王建平（2015）通过研究发现政府转移性支出对减少贫困人口数量和促进贫困人口增收具有积极作用。增加政府转移性支出在一定程度上能够减少贫困，但是不适宜的政府转移性支出政策则会产生福利依赖，对减贫造成负向作用。

虽然适当的政府转移性支出能够降低贫困率，但是部分学者研究发现大规模的援助实际上并不能降低贫困率，甚至使得贫困率上升（Polak，2008；Dawood，2017）。政府补助支出在缓解贫困的同时又会引起新的贫困，只有有效的政府补助支出才能降低贫困率，制度质量不完善和腐败也会对脱贫效果产生反作用力（陈银娥，2008）。政府补助支出是政府脱贫的一项重要政策，适当的政府补助支出能够降低居民贫困发生率，但是政府补助对脱贫效果的影响不再具备一致性效应。因此，了解政府补助支出对贫困变化的作用路径能有效防止我国脱贫居民再返贫，并有利于进一步巩固拓展我国脱贫攻坚成果。

（三）经济增长与收入分配交叉减贫效应文献梳理

以往学者大部分从收入增长与分配视角研究贫困问题（魏众等，2000；Yao et al.，2004；杜凤莲和孙婧芳，2009；孙巍和冯星，2018；刘宇和聂荣，2019），其中对于收入增长和收入再分配对贫困的影响仍存在很多争议（Dollar and Kraay，2002），但是不可否认，收入增长确实具有减贫效应，而收入差距扩大则具有恶贫效应（沈扬扬，2013）。刘一伟和汪润泉（2017）利用 Logit 模型等实证研究发现，无论在个体层面上还是在社区层面上，收入差距扩大均会导致居民进入贫困状态。并且随着收入差距不断扩大，收入增长的减贫效应已不足以弥补收入差距扩大带来的恶贫效应（孙巍和冯星，2019）。虽然伴随着经济增长居民贫困有所下降，但由于收入分配不均使低收入人群很难享受经济增长带来的好处，"增长性贫困"愈发严重（陈书，2012）。江帆（2019）利用内蒙古自治区调查数据研究表明，内蒙古贫困的产生不是由于收入不足而是分项收入不均导致的。而韩建民（2007）研究我国农村地区贫困发现，虽然经济增长能够降低贫困，但是减贫效果趋缓，并且随着减贫成本上升，绝对贫困呈缩小趋势，而相对贫困却呈现扩大趋势。并且经济增长并非贫困下降的唯一路径，缩小收入分配差距同样能够降低贫困（谢东梅，2008）。发展与减贫经济理论认为，有利于穷人的增长（pro-pool growth，PPG），即一国穷人的实际收入增长高于分配模式保持不变条件下的穷人收入增长，能够最大限度地实现减贫并兼顾社会发展的公平与效率。但是随着中国贫富差距不断扩大，收入分配不平等势必会阻碍脱贫攻坚成果的巩固（陈飞和卢建词，2014）。王增文（2017）采用住户和收入调查数据研究发现，经济增长因素依然是主导，但是收入分配和再分配因素缓解贫困的贡献率逐渐上升。如何改善收入分配将成为改善贫困问题的关键（杨颖，2010）。布吉尼翁（Bourguignon，2004）利用"贫困—增长—不平等"的三角算法研究发现，贫困、收入增长和不平等之间存在相关关系，并将贫困分解为"分布"和"增长"两项效应。林伯强（2003）认为在收入分配不均等恶化情况下，经济增长依然能够降低贫困，只是收入不均等阻碍了经济增长的减贫效果。胡兵等（2007）基于收入 Lorenz 曲线研究发现，经济增长会增加农村居民收入并大幅度减少贫困，但是农村居民收入差距扩大抵消了经济增长带来的减贫效应。纪宏（2007）通过研究发现，虽然收入增长能够降低贫困，但收入增长效应减贫效果趋缓，并且收入离散效应恶化贫困趋势加深。不难看出，在经济增长与收入差距扩大并存的背景下，很难单纯通过二者的平衡实现减贫。因此在经济增长伴随着收入差距拉大的背景下，收入增长与再分配哪项对贫困影响较大已不是反贫困的根本目的，最为重要的是如何在此背景下减少贫困。

（四）基于居民异质性的减贫文献梳理

改革开放以来，中国贫困人口迅速减少，并于 2020 年完成绝对贫困标准下的全面脱贫任务。中国开始进入后扶贫时代，要进一步巩固拓展脱贫攻坚成果，扎实推进共同富裕。目前学术界主要从"匮乏""排斥""能力"方面来定义贫困，"匮乏"认为物质的缺乏就是贫困（Rowntree and Hunter，1902），"排斥"认为被排斥在社会活动之外的特定人群为贫困群体（Townsend，1979），而"能力"说则认为被剥夺可行能力的人群为贫困群体（Sen，1981），并且世界银行的三大反贫困战略之一即为"赋权"，说明提高人的能力是减贫的重要因素。

从贫困理论视角看，庇古福利经济学贫困理论主张通过调节国民收入再分配，将富裕人口收入向贫困人口转移，实现收入均等化，但是收入转移政策会造成"福利陷阱"。而发展经济学贫困理论则认为陷入贫困的主要因素在于储蓄能力有限和缺少资本，只有通过促进经济发展进而大幅度增加储蓄和大规模的资本投资才能够有效减少贫困，突破"贫困恶性循环"（Nurkse，1953），但是如果发展中国家没有有力的人力资本、管理水平和技术进步等因素配合，即使扩大资本投资也很难保证经济增长，促使发展中国家摆脱贫困。人力资本贫困学说则强调人力资本的重要性，经济学的核心是人力资本，而教育是提高人力资本的主要途径，且发展中国家贫困的根源在于人力资本不足而非物质资本不足

（Schults，1961）。因此提高教育投入是发展中国家反贫困的关键性因素，只有提高贫困居民人口素质和能力才能够有效降低贫困，实现可持续性脱贫，而受教育程度不同是居民异质性的重要构成部分，因此从居民异质性视角研究贫困问题能够更好地降低贫困。

收入增长与再分配孰轻孰重虽然是反贫困过程中值得关注的问题，然而在经济增长伴随着收入差距拉大的背景下，如何进一步巩固拓展脱贫攻坚成果才是后扶贫时代我们需要关注的问题。有学者从异质性视角研究减贫问题（谢婷婷和司登奎，2014；单德朋等，2015；文琦等，2018；王善平和蒋亚丽，2018）。研究发现，居民个体年龄、文化程度、家庭规模和劳动力文化水平等因素均会对居民增收产生影响（王生云，2013），居民异质性减贫效应愈发重要，即居民人力资本积累能够显著减缓其贫困，但较高的人力资本才能够有效减缓贫困（尹飞霄，2013）。同时有研究表明，居民人口结构（家庭规模、受教育程度和户主职业等）会对贫困产生影响（洪兴建，2005），并且劳动力流动、教育水平、收入以及农村各种扶贫政策等因素均会对农村居民脱贫和致富产生重要影响（姚洪心，2009）。程名望等（2014）研究发现教育和健康等居民个体特征对减贫具有显著影响。杨振（2015）从八个维度研究中国农村多维贫困发现，居民受教育水平、自然灾害和农业经济地位等异质性因素均会对贫困产生显著影响。而贺志武和胡伦（2018）研究发现户主的年龄、民族、家庭人口规模以及户主从事农业时间长短等均会对贫困产生显著影响。以上研究表明，异质性因素在居民减贫进程中起到越来越重要的作用，因此本书考虑将居民异质性因素引入贫困问题研究中。

但是前期研究很少将个体差异及行为引入贫困分解中，仅涉及收入增长与再分配，缺乏异质性因素对反贫困作用效果的研究。但是在全面脱贫背景下，进一步构建巩固拓展脱贫攻坚成果的长效机制，需要更精准的防返贫措施。因此研究异质性因素在防返贫中的作用机制符合我国政策方向，本书拟将异质性因素引入贫困分解中，深入探讨收入的增长效应、离散效应和异质效应在巩固拓展脱贫攻坚成果中的作用机制。

第三节 研究的思路与内容

一、研究思路

本书拟对收入分布变迁的减贫特征展开研究，其目的是基于全面脱贫背景下，随着收入分布的位置、形态以及偏度和峰度等高阶矩的动态变化所引起的居民贫困变化进行深入研究，借以从收入增长、收入分配和异质性三个维度解决后扶贫时代中国的贫困问题，希望为这一领域提供借鉴和参考。

本书以"经典贫困理论回顾与预期—构建三维贫困分解框架—实证检验三维贫困分解方法及测度的稳健性—实证检验三维贫困分解的增长效应的减贫机制—实证分析三维贫困分解的离散效应的减贫机制—实证分析三维贫困分解的异质效应的减贫机制"这一逻辑为研究主线。具体可分为以下五方面的内容：一是从收入分布动态变迁入手，从理论和实证两方面分析引入收入分布变迁因素的贫困分解方法的优异性；二是在基于收入分布变迁的贫困分解基础上，采用计量方法实证检验收入分布变迁三效应对贫困的作用机制，进一步检验三维贫困分解框架的稳健性；三是基于三维贫困分解的增长效应，实证检验经济增长的减贫机制；四是基于三维贫困分解的离散效应，利用微观数据分析政府补助支出的减贫效应，并进一步探讨政府补助支出减贫的非线性特征；五是基于三维贫困分解的异质效应，采用微观大样本数据并考虑居民异质性对减贫的影响机制，利用多层次 Logistic 模型从省级和个体层面实证检验教育异质性对贫困的影响机制。依据上述实证分析，本书将收入分布变迁因素引入贫困分解框架，从收入增长、收入分配和异质性三个方面研究中国居民的减贫效应。

在上述研究思路下，拟解决的相关问题如下：

第一，提出本书研究的问题，介绍本书的研究背景和意义，进一步梳理可借鉴的国内外文献成果，明确本书要解决的问题，并确定本书的最终结构。

第二，基于相关理论与实证研究进展，从收入分布动态变迁这一视角深入分析居民异质性在减贫进程中的关键作用，创新性地提出基于收入分布变迁的三维贫困分解测度及其实证检验的理论预期。

第三，基于反事实估计思想，将异质性因素引入贫困分解中，从收入增长、收入分配和异质性三个维度深入探索全面脱贫背景下，中国贫困变化趋势及减贫路径，并与传统的贫困分解结果进行对比分析。

第四，利用二值回归模型实证检验三维贫困分解指标及测度的稳健性，采用计量技术实证检验增长效应、离散效应和异质效应对贫困的作用特征，进一步检验三维贫困分解框架的稳健性。

第五，基于三维贫困分解的增长效应视角，运用系统 GMM 估计经济增长对减贫的作用路径及效果。

第六，基于三维贫困分解的离散效应视角，利用门限回归研究政府补助对贫困减缓的非线性特征。

第七，基于三维贫困分解的异质效应视角，利用多层次 Logistic 模型从省级和个体层面研究教育的减贫效应。

基于整体研究思路，本书整理出了更为清晰的研究框架结构，以直观地对逻辑脉络进行展示，如图 1 - 1 所示。

二、主要内容

在上述研究脉络下，本书主要研究内容安排如下：

第一章是绪论部分。主要阐述本书的研究背景与研究意义，并梳理相关研究进展，同时给出本书的整体研究思路、主要研究内容、研究方法与主要创新。

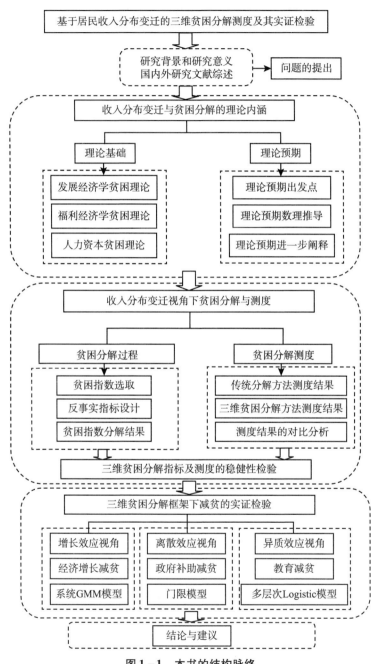

图1-1　本书的结构脉络

第二章是对基于收入分布变迁的减贫效应相关理论内涵的阐述，以为后续的实证研究奠定基础。首先，对经济增长、收入分配和异质性对贫困的影响效应相关理论进行回顾，以此阐明经济增长、收入分配和异质性与贫困之间的关系，并由此提出异质性因素在防返贫中的关键作用。其次，利用现有数据对经济增长、收入分配和异质性与贫困之间的关系进行深入探讨，为后续研究奠定基础。最后，创新性地提出基于收入分布变迁的三维贫困分解的测度及其实证检验的理论预期，并结合全面脱贫的现实背景进一步阐述收入分布变迁减贫的内在机制和理论。

第三章是对将收入分布变迁因素引入贫困分解框架的分解、拟合与测度。首先，基于反事实思想对收入分布变迁指标进行设计和解释，并首次将居民异质性因素引入传统的贫困分解框架，创新性地提出包含增长效应、离散效应和异质效应的三维贫困分解框架。其次，利用中国家庭营养与健康（CHNS）微观大数据分别对传统的贫困分解方法和三维贫困分解方法进行对比分析，进一步验证了三维贫困分解方法的优越性，为下文深入研究收入分布动态变迁的减贫效应奠定基础。

第四章是在三维贫困分解框架基础上，进一步采用二值选择模型实证检验三维贫困分解指标及测度的稳健性，从增长效应、离散效应和异质效应三个维度分析其对贫困的作用效果，并分别利用 CHNS 和中国家庭追踪调查（CFPS）微观大数据进行检验，发现实证检验结果符合贫困分解结果，进一步验证了基于收入分布变迁的三维贫困分解指标及测度的稳健性。

第五章从三维贫困分解的增长效应视角出发，研究经济增长对贫困的作用机制。系统广义矩估计（GMM）实证结果表明经济增长确实对中国减贫具有显著的正向作用，且经济增长的减贫作用明显高于金融发展和收入分配的作用，其中收入分配的减贫效应最差。同时经济增长和收入分配与减贫之间存在明显的 U 形关系。除此之外，经济增长与金融发展之间存在正相关关系，与收入分配差距之间存在负相关关系，且金融发展和收入分配差距之间也存在负相关关系，说明金融发展一方面能够通过促进经济增长降低贫困，另一方面也能够通过缩小收入差距间接降低贫困；但是伴随着经济增长，收入分配差距也随之扩大，因此在经济增长减贫进程中，收入差距扩大必然会阻碍贫困的减缓。与此同时，受教育水平等异质性因素对经济增长均存在正向作用，意味着通过提高受教育水平等异质性因素促进经济增长能够间接缓解贫困问题。

第六章是从三维贫困分解的离散效应视角出发，利用 CFPS 数据实证分析政府补助对减贫的作用效果。本章利用门限回归模型分析了 2010～2014 年中国城乡政府补助对减贫的非线性特征，研究结果表明政府补助标准对城乡居民贫困减缓存在明显的门限特征，2012 年农村政府补助标准存在二阶门限值，而 2012 年城镇与 2014 年城乡均存在一阶门限值。其中城乡居民低保补助减贫效果最佳，工伤人员抚恤金减贫效应最差，甚至出现返贫风险。且过高的政府补助会造成福利依赖，导致脱贫效果不显著，甚至增加居民返贫风险；过低的政府补助标准则导致政府补助福利政策无效，居民脱贫效果不显著，因此我国应在加强低保政策建设，改善其他各项政府补助模式的同时调控城乡政府补助标准，进一步完善我国政府补助政策体系。

第七章是从三维贫困分解的异质效应视角出发，主要研究受教育程度对减贫的作用效果。首先，利用 CHNS 数据统计描述中国居民受教育情况和贫困分布现状发现：一方面，我国高等教育人群扩张趋势明显，但初高中受教育人群变化幅度较小，我国人口素质呈现显著上升趋势；另一方面，随着全面脱贫任务的完成，巩固拓展脱贫攻坚成果的重点在于贫困深度和贫困强度，说明单纯地通过经济增长巩固拓展脱贫攻坚成果的作用逐渐减弱，应配合其他政策措施进一步解决这一问题。基于上述分析，本章利用多层次 Logistic 模型从省级和个体两个层面实证分析教育对减贫的作用效果，研究发现受教育程度减贫效应受区域变量影响明显，在不同区域，教育影响贫困效应存在明显差异。东部地区受教育程度减贫效应明显高于中西部地区，说明良好的经济发展状况和完善的教育体制有助于减贫。除此之外，在区域层面上，省份间地区收入不平等的恶贫效应存在上升趋势，收入差距扩大严重阻碍我国脱贫攻坚成果的巩固；而在个体层面上，年龄对贫困的影响逐渐不显著，家庭人口数的减贫效应呈现下降趋势，而教育减贫效应则呈现上升趋势，说明我国应该在缩小收入差距的同时重视教育减贫，提高人口素质，进一步巩固拓展脱贫攻坚成果。

第八章是结论与建议部分，主要阐述了实证分析得出的相关结论，并在此基础上提出有针对性的政策建议。

由此，本书在相关理论和实证研究基础上提出了收入分布变迁减贫效应的理论观点，在原有的贫困分解框架中引入异质性因素，形成由收入增长效应、离散效应和异质效应三个维度构成的新的贫困分解框架，从不同层次检验了收入与减贫之间的关联机制。根据上述内容，本书将其归结为三维贫困分解框架下增长效应的减贫特征、离散效应的减贫机制以及异质效应的减贫特征三种不同层次的作用结果。就现实意义而言，在特殊国情背景下，采用前沿计量方法逐步实证检验了三维贫困分解框架下收入分布动态变迁对减贫的作用效果，充分考虑到其对中国减贫的作用效果，能够更好地解释现实问题。最后，本书认为针对不同区域发展特点需要合理地运用提高收入水平、缩小收入差距和提升居民个体素质等政策之间的灵活搭配，在脱贫攻坚成果巩固阶段进一步降低中国居民返贫风险，实现共同富裕的宏伟目标。

第四节　研究的方法与创新

一、主要方法

本书梳理了国内外大量相关文献，并将之与理论和实证相结合，进而采用定量研究和定性研究相结合的形式探讨收入分布变迁因素对中国居民减贫效应的作用机制。在研究过程中采用了 Matlab、Stata 和 EViews 等分析软件并结合经济理论、数据模型和图表等研究方法。主要研究方法如下。

(一) 经济理论分析方法

本书基于对国内外相关贫困理论的梳理, 从福利经济学、发展经济学和人力资本理论三方面论述了收入增长、收入分配和居民异质性对贫困变化的影响效应。结合中国特殊的贫困发展路径, 基于反事实分析法和收入分布理论将收入分布变迁分解为增长、分配和异质性三部分 (Jenkins and Van Kerm, 2005), 在孙巍和苏鹏 (2013) 的研究基础上, 进一步探究收入分布变迁对贫困的影响效应。同时, 基于舒尔茨 (Schultz, 1960) 的人力资本贫困理论, 首次建立了个体素质 (受教育程度、健康状况以及环境等) 等异质性因素影响贫困发展路径的理论模型, 以进一步探讨不同层次结构下居民异质性对贫困的影响效应。

(二) 实证分析方法

第一, 在进行收入反事实指标及贫困分解模型构建时, 首先采用了反事实分析法和收入分布分解方法将收入分布变迁按照均值、方差和残差三部分予以分解, 其可分别代表收入水平、分配和异质性的变化。在此基础上, 将分解指标引入 FGT 贫困指数收入项中构建由增长效应、离散效应和异质效应构成的三维贫困分解框架, 进一步检验收入增长、分配和异质性对减贫的作用机制。

第二, 在三维贫困分解基础上, 采用二值选择模型实证检验三维贫困分解指标及测度的稳健性, 结果表明实证估计结果与贫困分解结果具有一致性, 进一步确保了三维贫困分解框架的稳健性。

第三, 选取系统 GMM 模型估计经济增长对减贫的作用机制, 并分析经济增长、收入分配以及金融发展与减贫之间的非线性特征, 并探讨经济增长、收入分配和金融发展之间的相关关系, 进一步验证经济增长、收入分配和金融发展对减贫的作用机制。

第四, 在离散效应背景下, 本书采用门限回归法估算了政府补助对贫困影响的非线性效应, 进一步探讨收入分配不平等对贫困的影响效应。门限回归能够判断政府补助对贫困影响的突变点, 在不同的政府补贴范围内政府补助对贫困的影响效应存在明显差异。

第五，受教育程度和健康状况等异质性因素对贫困的影响路径不仅受到个体因素影响，同时受区域因素影响，因此本书采用了多层次 Logistic 模型计量分析教育在区域因素和个体因素双重作用下对贫困的影响效应。

二、主要创新

本书的创新和特色主要体现在以下几个方面：

第一，本书在传统的贫困分解基础上，结合基于反事实分析法分解得到的代表收入分布变迁的均值、方差和残差变化三个动态计量指标，构建了包含增长效应、离散效应和异质效应的三维贫困分解框架。即基于异质性视角，将代表异质性的残差变化引入到 FGT 贫困指数分解中形成新的三维贫困分解方法，并从微观视角通过与传统的分解方法进行对比分析发现，三维贫困分解方法能够更有效地解释脱贫攻坚关键时期减贫的现实问题。

第二，本书进一步采用数理统计和二值模型从微观视角实证分析了增长效应、离散效应和异质效应对贫困的作用效果，发现了经济增长与返贫并存的矛盾点在于增长效应的减贫作用与离散效应的恶贫作用存在非对称性特征，以及离散效应的恶贫作用和异质效应的减贫作用的对称性特征，此矛盾点正是本书所提出的三维分解框架有效性的最有力的经验性证据，为本书最终回答现实经济问题搭建了具有经验基础的理论框架。

第三，本书基于微观个体调查数据，运用门限回归模型考察了三维贫困分解离散效应的政府补助的减贫机制，政府补助减贫效应组群划分结果表明，城乡政府补助标准分别存在一阶和二阶门限值，并根据既定门限值划分出特定的异质性组群，由此可判断我国政府补助的减贫效应存在显著的非线性机制，表明城乡政府补助福利政策对贫困居民脱贫的影响已不再具备整体性特征，并且仅当政府补助标准处于一定范围内时才具有减贫作用。这说明过高的政府补助标准会造成福利依赖，甚至增加返贫风险；而过低的政府补助标准则会导致减贫政策无效。同时，不同的政府补助政策减贫机制不同，因此应对不同区域和不同状态的贫困居民采取具有针对性的政府补助政策。

第四，本书基于三维贫困分解增长效应和异质效应减贫机制研究，在微观和宏观数据相结合的基础上，采用多层次 Logistic 模型和系统 GMM 估计等对相关实证分析的整理发现，教育等异质性因素与经济增长和收入分配之间存在显著正相关关系，与贫困之间存在显著的负相关关系，说明教育等异质性因素一方面通过促进经济增长和调节收入分配间接缓解贫困问题，另一方面也通过提高人力资本积累等直接降低居民贫困，即教育等异质性因素对减贫存在直接和间接的双重作用。除此之外，从区域视角研究教育异质性减贫的微观机理发现，教育异质性减贫效应存在显著的区域差异，东部地区教育减贫效应明显高于中西部地区，但东部地区教育减贫趋势逐年平稳，中部地区教育减贫呈现上升趋势，而西部地区教育异质性减贫效应呈现下降趋势甚至出现恶贫效应。

第二章

收入分布变迁视角下贫困
理论梳理与预期

在空想社会主义时期，贫困仅仅作为社会不平等的产物被提出，空想社会主义者在抨击资本主义制度时探讨了贫困现象，但贫困并非这个时代的主要矛盾，因此空想社会主义者仅仅探讨并总结了贫困，并未对贫困进行深入探讨。直到马克思站在资本主义制度上揭示贫困的本质，即资本主义制度下，贫困来自工人劳动异化。马克思主义贫困理论认为雇佣关系是无产阶级贫困的根源，在雇佣关系下，工人劳动和剩余价值被资本家剥削，要想改变贫困状况，就要改变资本主义制度。马克思主义贫困理论解释了工人阶级的"绝对贫困"和"相对贫困"，资本家对工人阶级的绝对剥削，使得工人阶级物质财富匮乏，造成的工人阶级贫困即为"绝对贫困"；而"相对贫困"是由工人阶级和资本家在进行社会总产品分配时的不平等状况造成的，工人阶级只占社会总产品的很小一部分。而本书主要从经济学视角研究贫困，涉及收入分配、收入增长、收入异质性和贫困关系的理论。本章基于收入和贫困之间的关系理论进行梳理，构建从经济学视角出发的理论分析框架，为巩固拓展脱贫攻坚成果与反贫困研究奠定理论基础。

第一节 收入分布变迁视角下贫困理论回顾

一、收入增长减贫：发展经济学贫困理论

发展经济学认为发展中国家贫困的主要原因在于资本不足，发展经济学家主要从贫困的成因和对策视角入手研究贫困。其中代表人物有纳克斯、纳尔逊、罗森斯坦和刘易斯等。美国哥伦比亚大学教授纳克斯1953年在《不发达国家的资本形成问题》一文中提出，发展中国家贫困的主要原因并非物质资料的匮乏，发展中国家经济系统内存在的"恶性循环系统"是造成贫困的关键。由于发展中国家供给与需求均处于较低水平，低收入导致较低的储蓄和资本存量，意味着较低的生产率水平和较低的产出供给水平，低水平的供给又导致低收入；而同样，低收入使得居民购买力水平下降，进而造成低水平的投资，投资不足直接导致资本不足，生产率低下，进而使得收入水平低下。因此，发展中国家供求方面均存在"恶性循环系统"。发展中国家要想跳出"恶性循环系统"，摆脱贫困问题，必须大量增加储蓄并扩大资本投资规模，促进资本形成，进而提高居民收入，摆脱贫困。纳克斯据此和保罗·罗森斯坦一起提出了"平衡增长理论"，通过扩大储蓄和资本投入改善发展中国家"恶性循环系统"导致的贫困。虽然纳克斯"恶性循环系统"贫困理论在供求层面上解释了贫困的成因，但是一些经济学家认为导致发展中国家居民储蓄低的原因不仅在于收入水平较低，更多地受到发展中国家政治、经济和文化方面的影响，并认为即使这些发展中国家拥有高储蓄率和较高资本存量，没有高技术创新能力、先进的管理水平和高人力资本储备也很难维持经济高速有效的增长。美国经济学家纳尔逊1956年通过《不发达国家的一种低水平均衡陷阱》一文提出了贫困在发展中国家存在维系低水平均衡的系统和机制。他认为发展中国家人口增长

较快，抵消了国民收入增长，使得发展中国家人均收入始终处于维持基本生存需求的水平，如果没有外力的推动，发展中国家将维持这种"低水平均衡陷阱"。只有当资本投资大量增加，推动发展中国家资本形成时，才能打破这种"低水平均衡陷阱"，使发展中国家经济呈现增长趋势。和"恶性循环系统"相比，"低水平均衡陷阱"理论进一步证明了在发展中国家的贫困是具有稳定性的，并深入探讨了这种稳定性存在的原因。两者相同的地方在于都认为大量的资本投资能够促使发展中国家摆脱贫困，实现经济增长。1957 年，美国经济学家哈维·莱宾斯坦在"恶性循环系统"和"低水平均衡陷阱"基础上提出了"临界最小努力"理论。该理论认为，发展中国家之所以难以突破"低水平均衡陷阱"，是因为发展中国家经济增长中存在提高收入和压低收入两种互相制约的条件，提高收入是由上一期的投资水平决定的，而压低收入是由上一期人口增长速度和投资规模决定的。当上一期的投资水平和规模增长高于人口增长时，提高的收入高于压低的收入，人均收入提高，打破了"低水平均衡陷阱"，使得发展中国家经济增长；而当投资水平和规模增长低于人口增长时，提高的收入低于压低的收入，发展中国家难以跳出"低水平均衡陷阱"，很难摆脱贫困。因此，哈维提出，发展中国家要想打破"低水平均衡陷阱"，必须在发展初期，实现大量资本投资，形成"临界最小努力"，使提高收入高于压低收入，才能提高发展中国家人均收入，使经济稳定增长。该理论强调了发展中国家贫困的原因，进一步提出了促进资本形成是发展中国家摆脱贫困的重要路径，为发展中国家认识自身经济状况、摆脱贫困提供了有效的借鉴。

刘易斯 1954 年在《劳动无限供给下的经济发展》一文中提出"二元经济结构理论"，即发展中国家包括农业和工业两个部门，其中：农业部门劳动者众多，但是生产方式落后，边际生产率为零；而城市的工业部门，虽然劳动者较少，但是生产率较高。刘易斯认为发展中国家贫困的主要原因在于，农业部门经济占主导地位，与以往的资本匮乏无关。发展中国家要想摆脱贫困，必须转变农业经济占主导的经济结构，使农业部门劳动力向制造业和服务业转移。而美国经济学家艾仁特·O. 赫希曼在《不发达国家中的投资政策与二元性》一文中提出了"极化—涓滴效应"理论。赫希曼从"极化效应"和"涓滴效应"来看区域发展，区域发展初期，"极化效应"一方面有利于经济快速增长，但是另一方面也加剧了区域间的差距扩大；随着经济发展，"极化效应"带动的发达地区能够惠及不发达地区，为不发达地区提供投资和工作等机会，形成"涓滴效应"，逐渐缩小区域差距。即在经济发展初期，不优待贫困人口，而是优先让部分地区和群众发展，先发展起来的地区和群众，通过消费、投资和工作等逐渐惠及贫困地区和群众，虽然穷人在其中受益较少，但是这种受益日积月累，逐渐就能够实现共同富裕。

大量研究证明经济增长能够有效降低贫困，经济增长几乎在所有国家都能够缓解贫困，并且随着经济增长加速，贫困下降速度也加快（Ahluwalia，1979；Fields，1980；张卫国，2017；高元元，2017）。只要能够保证经济高速增长，贫困将随之消除（Chenery et al.，1974；Deininger and Squire，1998；WorldBank，2000；Dollar and Kraay，2000，2010）。但是不同收入群体从经济增长中获得的收益存在明显不同（Kakwani and Pernia，2000；张全红，2007；杜凤莲，2009；毛伟等，2013）。穷人获得的福利不仅取决于其自身的收入，还受到穷人与富人之间的收入差距的影响（Klasen，2008；陈立中，2009；于乐荣和李小云，2013；沈宁和吴术，2012）。"涓滴效应"惠及穷人效应减弱，政治、经济以及文化等都会影响"涓滴效应"的作用效果。由于大部分国家经济增长的同时伴随着差距的扩大，穷人从经济增长中获得的收益被压缩，穷人逐渐被排斥到经济发展的边缘地位（Whitehead et al.，2001；Beaulier and Subrick，2006）。部分学者认为穷人并不能自发受益于经济发展，仅仅依靠经济增长很难消除贫困，因此政府应该利用缩小收入差距政策进一步降低贫困。

二、收入分配减贫：福利经济学贫困理论

西方经济学研究与收入分配相关的贫困理论众多，但是不同时期不

同学者研究的角度和观点不同。有学者从社会福利视角看收入分配贫困理论，有学者从古典经济学视角看收入分配与贫困的关系，还有学者从现代西方经济学视角看收入分配与贫困理论。

福利经济学贫困理论主要从收入分配视角研究贫困，庇古的旧福利经济学坚持边际效用递减法则，他认为国民收入总量越大，居民收入越平均，社会福利就越大。同样收入状况下，穷人边际效用要高于富人，因此他支持政府利用税收政策将富人的收入向穷人转移，实现收入均等化，使社会福利达到最大化，贫困将随之降低。新福利经济学对庇古的福利经济学进行了批判和修正，支持序数效用论，认为边际效用无法衡量，个人之间的效用无法比较，反对将富人的收入转移给穷人，在保证公平获得劳动报酬的条件下，无须依靠再分配调节穷人和富人之间的收入，否则会破坏帕累托最优，降低社会总福利。

美国政治哲学家罗尔斯（John B. Rawls）在1971年通过《正义论》一书提出了政府应该采取公正的收入分配政策。他认为当人们对周围环境处于懵懂无知的状态时，所做出的决定是最公正的，当人们不知道自己处于收入分配的上层还是下层时，人们会不约而同地关注处于收入分配底层的人员，因此罗尔斯认为政府应该更多地关注处于社会底层的人民，使他们的福利最大化。他认为政府应采取必要的措施保证贫困人口福利，采用公正合理的收入分配政策，能够通过改进收入分配不平等使每个社会成员受益，这样的收入分配才是公平正义的。而哈佛大学哲学教授诺奇克（Robert Nozick）虽然与罗尔斯同为自由主义政治哲学家，但是其观点与罗尔斯不同。他认为自由权利最大，不应该为了他人而牺牲自己的权利，因此他反对为了改善穷人福利而将富人收入向穷人转移。他认为政府要保证的是个人权利的实现，只要保证个人能够公正地行使自身权利，并能够取得相应的报酬，政府就不应该干涉收入分配。他认为社会不应该只关注一部分人的福利状况，不应该从结果上看收入分配政策是否公平，而应该从收入分配过程上看，只要能够保证每个人的自由权利能够公平地行使，无论收入分配是什么样的都是公平的。

现代西方经济学家凯恩斯（John Maynard Keynes）则认为收入分配

不公是导致有效需求不足的一个重要原因。他认为提高富人的税收、降低利息率以及通过政府赤字增加社会福利等降低收入分配不公政策，均能提高有效需求，增加就业机会，促使收入分配均等化，降低贫困。美国当代经济学家库兹涅茨（Simon Smith Kuznets）1955 年通过研究人均财富增长和差异提出了收入分配的倒 U 形假设。库兹涅茨认为在经济增长过程中，收入分配不平等的出现是不可避免的，但是收入分配所呈现的结果应该是"先恶化，后改善"。他通过数据分析发现，处于发展初期的发展中国家有更高的收入分配不平等，而处于发展后期的发达国家收入分配不平等明显较低。他认为，在发展初期，资本由小部分富人占有，因此这部分人群获得较快发展，占有了经济增长的大部分，富人居住区域发展较快，城市化水平提高，二元经济的快速发展使得收入分配不平等进一步加剧，而到了经济发展后期，政府开始干预收入分配不平等，因此收入分配不平等开始减缓。虽然倒 U 形假设也存在诸多争议，但是库兹涅茨将经济发展和收入分配联系起来的研究为以后的贫困研究提供了新的思路。

国内诸多学者通过对收入分配进行实证研究发现，中国收入差距存在扩大趋势。经济增长并不一定符合倒 U 形假设，经济增长是否导致收入差距呈现先升后降趋势是不确定的（王小鲁和樊纲，2004）。魏后凯（1996）通过调查研究中国区域间收入变化趋势发现，中国地区间收入差距不断扩大。中国居民收入不平等主要来自地区差距和城乡差距（李实，1999）。收入增长和收入分配是解决贫困问题的重要途径，二者对贫困的影响仍存在很多争议。总体上，收入增长具有减贫效应而收入差距扩大有恶贫效应（祝伟，2010；沈扬扬，2013；江克忠，2017），然而从二者共同作用来看，虽然经济增长使居民贫困有所下降，但由于收入分配不均导致低收入人群很难享受经济增长带来的好处，"增长性贫困"愈发严重（陈书，2012）。江帆（2019）利用内蒙古自治区调查数据的研究发现，内蒙古贫困并非源自收入不足而是由分项收入不均导致的。综观现有文献不难看出，在经济增长与收入差距扩大并存的条件下，很难单纯通过二者的平衡实现减贫。随着绝对贫困标准下全面脱贫任务的完成，后扶贫时代应更加关注教育和健康等异质性因素在巩固拓展脱贫攻坚成果中的作用，居民个体异质性无疑会成为影响贫困的关键性因素，因此将个体异质因素引入贫困问题研究中将有助于降低中国居民返贫风险，进一步巩固拓展脱贫攻坚成果并扎实推进共同富裕。

三、异质性减贫：人力资本贫困理论

缪尔达尔（Gunnar Myrdal）于 1957 年提出了"循环积累因果关系"理论，该理论认为发展中国家贫困并非单纯的经济因素，而是政治、文化和经济等共同作用的结果。缪尔达尔认为发展中国家经济发展慢，人均收入低下，因此配套的教育文化和卫生健康差，导致发展中国家人口素质低下，劳动力就业困难，进而导致低产出和低收入，进一步恶化贫困问题，形成贫困的"循环积累因果关系"。因此缪尔达尔认为发展中国家要想摆脱贫困，应该改革其教育体制、权力关系和土地关系等方面的制度，促进收入均衡，带动贫困人口发展，提高人均收入水平，进而改善发展中国家教育和健康水平，提高人口素质，提升生产率，最终提高人口收入水平，实现良性循环。

人力资本贫困理论在 20 世纪 60 年代逐渐发展起来，与以往的收入增长和收入分配等贫困理论有很大的区别。人力资本贫困理论从人力资本视角出发，以贫困主体为主要研究对象，认为贫困的主要原因是人力资本投资不足和人口素质低下，而非资本不足。人力资本投资的核心就是人口素质，而教育是人力资本投资的主要途径，因此人力资本投资也可以看成是教育投资。人力资本贫困理论的代表人物主要有舒尔茨、贝克尔和森等。

美国经济学家舒尔茨在 1960 年发表了《人力资本投资——一个经济学观点》一文，在这篇文章中，他第一次提出了人力资本这一概念。在之后的《教育经济价值》和《对人投资的思考》等几篇文章中，他修正、完善了人力资本理论。舒尔茨认为资本不仅是指物质资本，还应该包含人力资本。物质资本主要包括物质资料，而人力资本主要包括人的教育、健康、文化等。舒尔茨在研究中发现，在经济增长中人的知识、技能和健康等的重要性远远超过物质资本，因此他认为贫穷国家之所以贫穷，并不是因为缺少物质资本，而是缺乏人力资本投资和积累。1979年，舒尔茨提出了"穷人经济学"，由于穷人大多数生活在农村，因此穷人经济学也可以看作农业经济学。发展中国家要想摆脱贫困，必须重视农业。因此要加强农村人口教育培训等，提高农村人口素质，在农村大力推广农业技术，提高农业生产率，进而摆脱发展中国家贫困。森的能力贫困理论同样突破了原有的物质资本理论，他认为可行能力被剥夺是贫困的本质。森主要从以下几个方面看待贫困：首先，他认为贫困不仅是收入较低，还包括基本能力和机会被剥夺。其次，他认为人良好的教育和健康是改善生活、摆脱贫困的必要条件。再次，社会保障的缺失、社会排斥和疾病等均是可行能力被剥夺的重要因素。最后，森认为能力和收入之间密切相关。他的贫困能力理论主要在于提高个人能力去降低和消除贫困。美国社会学家甘斯提出了功能贫困理论，该理论认为贫困的存在是社会的需要和功能。每个人的天赋和努力程度是不一样的，因此他们在社会中获得的职位通常不同，天赋高且努力的人会获得较高的职位，进而获取高报酬，而那些天赋较低又缺乏努力的人则任职于较低的职位，获取低报酬，因而陷入贫困。但是甘斯认为贫困的存在有利于社会发展，有助于刺激人们的竞争，进而提高社会效率。

人力资本理论主要从贫困的主体入手，从贫困人口异质性视角研究贫困问题，进而解决贫困。该理论突破了以往从贫困的外因入手，抓住了贫困的本质。人力资本理论的主要观点在于：贫困人口由于个体异质性，每个人的人力资本状况不同，贫困人口缺乏人力资本，进而导致其在社会上很难获得报酬较高的工作，而低报酬则导致贫困人口很难摆脱贫困。因此，要想摆脱贫困，必须加强穷人的教育、卫生健康、培训和文化等方面的投资，提高他们的人力资本积累，进而提升他们在社会中能够取得的职位，提高收入，改善生活水平，最终摆脱贫困。

中国早期的研究很少将个体特征差异及行为引入贫困研究中，仅涉及收入增长与分配，缺乏异质性对反贫困作用效果研究。部分学者从异质性视角的局部研究中已经证实了，人力资本等居民异质性因素对减贫具有重要作用（周文，2008；王弟海，2012；马文武和刘虔，2019）。居民个体年龄、文化程度、家庭规模和劳动力文化水平等因素均会对居民增收产生影响（王生云，2013；刘子宁，2019），居民异质性减贫效应愈发重要，居民人力资本积累能够显著减缓其贫困（尹飞霄，2013）。周玉龙（2017）利用2003~2013年中国综合社会调查数据研究发现，家庭规模和空间物价水平异质性对贫困变化具有显著影响。以往的研究主要涉及收入、流动性、城镇化以及贫困代际转移等对贫困问题存在异质性影响（谢婷婷等，2014；文琦等，2018）。单纯地从收入增长和收入分配视角研究贫困问题，很少研究个体异质性对减贫的作用效果，这样可能会高估或低估收入增长和收入分配的减贫效应，因此本书拟将异质性因素引入传统贫困分解框架中，深入探讨收入增长、收入分配和异质性对贫困的作用效果，从三个维度解释贫困问题更合理，更具有现实意义，也能够在后扶贫时代更有效地巩固拓展脱贫攻坚成果，扎实推进共同富裕。

第二节　收入分布变迁视角下三维贫困分解理论预期

由第一节贫困理论的回顾与分析可知，人力资本积累在减贫进程中起着越来越重要的作用。影响经济发展的因素很多，其中人力资本积累的差异会造成不确定的经济系统状态（Lucas，1988），而初始资源禀赋差异同样会导致未来的贫富差距扩大，进而阻碍经济发展，形成贫困（Galor and Zeira，1993）。个体特征差异同样会影响贫困的形成，阿扎里亚迪斯（Azariadis，1996）通过研究微观个体的耐心发现，越缺乏耐心的个体越容易陷入贫困，他们更愿意进行即期消费而非储蓄，因此从微观层面来看，增加个体储蓄、减少即期消费能够使得发展中国家更快走出低水平均衡和贫困，同样，在施行宏观减贫政策时也要关注微观个体的异质性特征。基于此，本节将人力资本异质性引入贫困问题的研究框架中。

一、理论预期的出发点

（一）经济发展与人力资本贫困理论模型

假设在生产过程中投入物质资本 K 和人力资本劳动 H，为了方便研究，我们选取满足稻田（inada）条件的柯布—道格拉斯函数，如式（2.1）所示：

$$Y = F(H, K) = AH^{\alpha}K^{1-\alpha} \tag{2.1}$$

设人力资本的折旧率为 δ，人力资本积累的比例为 s，那么人力资本存量公式如式（2.2）所示：

$$H = sF(H, K) - \delta H \tag{2.2}$$

假设物质资本和人力资本劳动投入是规模报酬不变的，那么生产函数密度函数为 $y = f(h)$，其中 $y = Y/K$，$h = H/K$。同时假设 K 以外生不变的速度 n 增长（$n = K_{t+1}/K_t$），那么由式（2.2）可得到式（2.3）：

$$H = sf(h) - (\delta + n) \cdot h \tag{2.3}$$

进一步整理可得式（2.4）：

$$\phi_h = H/h = sf(h)/h - (\delta + n) \tag{2.4}$$

由式（2.4）可以看出，随着生产密度函数 $f(h)$ 的不同，我们能得到不同的均衡点。若人力资本边际产品是单调递减的，那么曲线 $sf(h)/h$ 和直线（$\delta + n$）之间有唯一均衡点，此时经济持续发展，不会陷入贫困或经济倒退，如图 2-1 所示。但是随着技术等外生条件的冲击，人力资本并非边际产品单调递减的，可能存在某一时期递增，而另一时期递减，甚至可能存在边际产品不变状态，因此曲线 $sf(h)/h$ 和直线（$\delta + n$）之间将不存在唯一均衡点，可能存在多个均衡点，如图 2-2 所示。

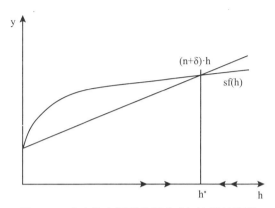

图 2 - 1　人力资本报酬单调递减经济增长模型

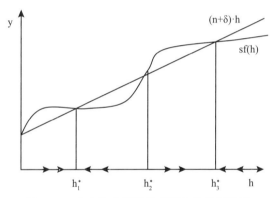

图 2 - 2　人力资本报酬非单调变化贫困模型

　　由图 2 - 1 可以看出，若人力资本边际产品递减，则曲线 sf(h)/h 和直线（δ + n）相交于均衡点 h*，此时随着物资资本 K 以速度 n 增长，人力资本 H 也将以同样的速度 n 增长，进而使生产函数也随之以速度 n 增长，即产出以固定速度增长，在此情况下，经济发展不会倒退，也不会重新陷入贫困。

　　若人力资本受外力影响不再呈现边际产品单调递减倾向，例如存在技术冲击等外生因素，那么均衡点将不再唯一。如图 2 - 2 所示，假设在人力资本投入初期呈现边际产品递减倾向，而随着技术或技能熟练度提高，人力资本边际产品呈现递增趋势，最终呈现边际产品递减或不变状态，那么曲线 sf(h)/h 和直线（δ+n）则会有多个均衡点，如图 2－2 中点 h_1^*、h_2^* 和 h_3^* 所示。由均衡点 h_1^* 和 h_3^* 可以看出，若人力资本不足，经济将呈现倒退趋势，居民将重新陷入贫困，因此人力资本异质性在减贫进程中有着不可替代的作用。

（二）人力资本异质性在减贫进程中的特征及作用

改革开放以来，我国贫困发生率由 1978 年的 97.5% 下降至 2020 年的 0，贫困人口也由 1978 年的 77039 万人下降到 2020 年的 0，我国减贫政策取得了巨大成功，由普遍贫困国家迈入消除绝对贫困国家。尤其是党的十八大以来，我国脱贫攻坚战获得了显著成效，2013～2019 年，我国贫困发生率下降了 7.9%，贫困人口下降了 7698 万人，并且每年减贫人口高达 1000 万以上，且到 2020 年我国完成了绝对贫困标准下的全面脱贫任务（见表 2－1）。但是我们要进一步巩固拓展脱贫攻坚成果，过去单纯依靠经济增长和收入分配政策减贫效应逐渐减弱，如何在新的阶段继续巩固拓展脱贫攻坚成果并进一步推进共同富裕是我们要解决的问题。

表 2－1　　　　　　　2010 年贫困标准下中国农村贫困状况

年份	当年价贫困标准（元/年·人）	贫困发生率（%）	贫困人口规模（万人）
1978	366	97.5	77039
1980	403	96.2	76542
1985	482	78.3	66101
1990	807	73.5	65849
1995	1511	60.5	55463
2000	1528	49.8	46224
2005	1742	30.2	28662

年份	当年价贫困标准 （元/年·人）	贫困发生率 （％）	贫困人口规模 （万人）
2010	2300	17.2	16567
2011	2536	12.7	12238
2012	2625	10.2	9899
2013	2736	8.5	8249
2014	2800	7.2	7017
2015	2855	5.7	5575
2016	2952	4.5	4335
2017	2952	3.1	3046
2018	3535	1.7	1660
2019	3747	0.6	551
2020	4000	0	0

注：2010 年以前数据是根据历年全国农村住户调查数据、农村物价和人口变化，按 2010 年贫困标准测算取得。

资料来源：国家统计局农村住户调查和居民收支与生活状况调查。

以往对贫困问题的研究主要从收入增长和收入分配视角进行论述。陈飞和卢建词（2014）研究发现，中国居民贫困随着经济发展呈现下降趋势，但收入分配不平等的加剧阻碍了贫困的减少，如何改善收入分配将成为降低中国农村贫困的关键（杨颖，2010），而不同收入构成对收入增长与收入分配贡献程度不同。罗楚亮（2012）基于住户调查数据利用 Shapley 分解讨论分项收入对贫困的影响作用发现，农业纯收入对贫困指标的贡献率最高，外出务工和其他收入对贫困的贡献率逐渐增强，而转移收入和财产收入的贡献率最低。上述研究从收入增长与收入分配视角研究贫困的变化趋势，忽略了居民异质性对贫困的影响效应。而在全面脱贫背景下，个体贫困脆弱性明显，为了更好地巩固拓展脱贫攻坚成果，个体异质性因素成为关键，因此将居民异质性因素考虑到贫困问题中能够更好地防止居民返贫。同时有研究表明，居民的年龄、受教育程度、社会地位以及户籍等异质性因素均会对其家庭贫困产生显著影响（高帅和毕洁颖，2016；张全红和周强，2014；蒋辉和刘兆阳，2016；贺志武和胡伦，2018）。洪兴建（2005）研究发现，居民人口结构（家庭规模、受教育程度和户主职业等）会对贫困产生影响，并且劳动力流动、教育水平、收入以及农村各种扶贫政策等因素均会对农村居民脱贫和致富产生重要影响（姚洪心，2009）。还有研究发现，劳动者不可观测的异质性能力（受教育程度等）是引起残差收入不平等扩大的内在原因（徐舒和朱南苗，2011），并且收入的异质性效应（人力资本）对农村居民减贫具有正向作用（马文武，2019）。王春超和叶琴（2014）利用 CHNS 微观数据研究发现，教育维度的贫困对农民工贫困影响很大并且呈现上升趋势，教育投入较少将成为阻碍农民工减贫的主要因素。同时郭熙保和周强（2016）研究发现，居民家庭的户主特征、户籍制度和人口规模等异质性因素均会对居民的长期多维贫困产生影响。高艳云和王曦璟（2016）利用分层 Logit 模型研究发现，经济增长对收入贫困具有影响作用，但是对于多维贫困则影响很小，而教育等异质性因素则能够在很大程度上降低中国居民多维贫困。国内外学者长期以来对于收入分布的研究主要集中在利用参数、非参数和半参数法测度收入分配或围绕收入分布的应用。收入分布主要包括收入增长和收入分配两方面，但是在新的时期，收入分布应该有新的含义。收入分布对贫困的影响效应不仅要考虑经济增长和收入分配与贫困的关系，还要进一步探讨异质性对贫困的影响效应，有助于更好地实现脱贫攻坚成果巩固任务，最终达成共同富裕的总目标。

二、理论预期的数理推导

从经济发展与人力资本贫困理论模型中关于经济增长、人力资本异质性和贫困的基本模型表述中可以看出，异质性在减贫进程中起到越来越重要的作用，居民异质性的提升能够切实降低贫困，因此本书提出了从收入分布变迁视角研究贫困问题，因为收入分变化不仅包含收入增长和收入分配,同时也包含由于异质性所引起的变化。如果仅仅从收入增长和收入分配两方面单纯地考虑收入变化对贫困的影响效应,很可能会高估或低估收入对贫困影响的增长效应和离散效应。因此,引入异质性这一因素从收入分布变迁视角研究贫困问题更合理,更具有现实意义。

最初,大部分学者仅从收入增长和收入分配视角进行贫困分解研究,卡克瓦尼和萨巴罗(Kakwani and Subbarao, 1990)提出了具有路径依赖的贫困分解方法,主要公式如式(2.5)所示:

$$P_{t-1} - P_t = (P_{t+1,t} - P_t) + (P_{t+1} - P_{t+1,t}) \qquad (2.5)$$

该分解方法采用的贫困线是依据基期选取的,将收入分解为增长效应和再分配效应,贾因和滕杜尔卡(Jain and Tendulkar, 1990)则认为贫困线应依据报告期选取,即需要考虑现阶段的贫困水平,因此他们提出的贫困分解公式为式(2.6):

$$P_{t-1} - P_t = (P_{t+1} - P_{t,t+1}) + (P_{t,t+1} - P_t) \qquad (2.6)$$

具有路径依赖型的贫困分解方法直观易懂,但是收入增长效应和再分配效应并不等于收入对贫困影响的总效应,除此之外,当选取不同贫困线进行分解时,该方法得到的结果是不一致的,不能进行对比分析,必须改进该分解方法。

因此,达特和拉瓦林(Datt and Ravallion, 1992)在具有路径依赖的贫困分解方法基础上,引入了残差项,用来解释上述分解方法中收入增长效应和再分配效应之外不能解释的贫困部分,其具有残差项的贫困分解公式如式(2.7)所示:

$$P_{t-1} - P_t = (P_{t+1,t} - P_t) + (P_{t,t+1} - P_t) + R \qquad (2.7)$$

该方法的残差项由平均收入和收入分配的交互项构成,虽然消除了路径依赖性,但是对于残差项的存在争论较大。有学者认为当残差项影响过大时,会削弱分解结果的实际意义,只有当残差项影响不大时才能够较好的解释分解结果。因此,需要新的分解方法进一步改善残差项存在的缺陷。

奥克萨卡(Oaxaca, 1973)、菲尔兹和尤(Fields and Yoo, 2000)和默多克和希库拉(Morduch and Sicular, 2002)提出了基于线性回归

的带有残差项的分解方法，虽然带有残差项的分解方法解决了具有路径依赖型的贫困分解的问题，但是部分学者对残差项的存在具有较大争议，认为带有残差项的回归分解方法不能很好地解释常数项和残差项带来的影响，并指出其分解方法仅适用于特定指数及方程（Wan，2004）。基于上述贫困分解中存在的问题，肖罗克斯（Shorrocks，2013）在严格的博弈论基础上，利用 Shapley 值分解法，结合基期和报告期收入变化和分配变化的影响效应并取其均值对贫困指数进行分解，分解公式如式（2.8）所示：

$$
\begin{aligned}
P_{t-1} - P_t &= (P_{t+1,t} - P_t) + (P_{t+1} - P_{t+1,t}) \\
P_{t-1} - P_t &= (P_{t+1} - P_{t,t+1}) + (P_{t,t+1} - P_t)
\end{aligned}
\tag{2.8}
$$

将式（2.8）取均值得到方程（2.9）：

$$
\begin{aligned}
P_{t-1} - P_t &= \left[(P_{t+1,t} - P_t) + (P_{t+1} - P_{t+1,t}) \right]/2 \\
&+ \left[(P_{t+1} - P_{t,t+1}) + (P_{t,t+1} - P_t) \right]/2
\end{aligned}
\tag{2.9}
$$

该方法同时解决了残差项问题和对称性问题，因此在贫困分解研究中得到广泛的应用。该方法忽略了残差效应的作用效果，而有证据表明残差收入直接影响居民收入不平等，进而影响贫困变化趋势（Autor，2005；Lemieux，2006）。且残差收入主要指劳动者获得的收入中无法测量的部分，如受教育程度和工作经验等个体性特对收入的影响（徐舒和朱南苗，2011）。同时在研究贫困问题过程中，将影响贫困变化的所有因素均考虑进去，深入了解各个影响因素对贫困的作用机制，才能够更好地解决贫困问题。因此本章在原有的贫困分解框架基础上，将影响减贫的异质性因素引入，从收入的动态变迁视角研究减贫的作用机制。

首先我们依据詹金斯和范科姆（Jenkins and Van Kerm，2005）的方法，基于反事实分析法将收入分布变迁分为三部分：一是方差变化，是指仅当收入的方差变动时带来的人口密度的变化。二是均值变化，是指仅当收入的均值变动时带来的人口密度的变化。三是残差变化，是指仅当收入的高阶矩变动时引起的人口密度的变化。本书基于上述方法，构建由均值、方差和残差变动带来的收入分布变迁的反事实假设变量。

均值变化是指居民收入水平的变动。其中 x_0 是基期收入，x_1 是报告期收入，x_0 到 x_1 仅发生了均值的变化，$x_0 \sim F(u_0, \sigma_0^2)$，$x_1 \sim F(u_1, \sigma_1^2)$，收入仅发生均值的变化形成的反事实收入如式（2.10）所示：

$$\xi_1 = x_0 + \Delta x = x_0 + (u_1 - u_0) \qquad (2.10)$$

方差变化是指居民收入基于均值的分散程度，在式（2.10）的基础上，只允许收入分布的方差改变，在 ξ_1 的基础上将方差转换成 σ_1^2，构建式（2.11）：

$$\mathrm{var}\big[\, n(x_0 + \Delta x)\,\big] = n^2\mathrm{var}(x_0 + \Delta x) = n^2\sigma_0^2 = \sigma_1^2 \qquad (2.11)$$

其中，$n = \sigma_1/\sigma_0$。同样，为了确保均值不变，在式（2.11）中加入常数 m，此时方差并未改变，进而令：

$$E\big[\, n(x_0 + \Delta x) + m\,\big] = m + nu_1 = u_1$$

得到 $m = (1 - n)u_1$，基于此构建的反事实收入 ξ_2 如式（2.12）所示：

$$\xi_2 = u_1 + \frac{\sigma_1}{\sigma_0}(x_0 - u_0) \qquad (2.12)$$

因此，收入分布变迁整体过程如式（2.13）所示：

$$x_1 - x_0 = (\xi_1 - x_0) + (\xi_2 - \xi_1) + (x_1 - \xi_2) \qquad (2.13)$$

在式（2.13）中，均值变化为（$\xi_1 - x_0$），方差变化为（$\xi_2 - \xi_1$），残差变化为（$x_1 - \xi_2$），进而本书将收入分布变迁指标引入贫困指数分解框架中，基于贫困指数的可分性和可加性原理，本书选取 FGT 贫困指数进行分解，其贫困分解过程如下：

设时期 0 到时期 T 的贫困指数变化为 ΔP，P 是指贫困指数，则：

$$\Delta P = P(Y_t; Z) - P(Y_0; Z)$$

其中，Z 是选取的贫困线。根据达特和拉瓦林（Datt and Ravallion，1991）的分解法，贫困指数变化 ΔP 中的离散效应、离散效应和异质性效应分别如下：

$$增长效应 = P(\xi_1; Z) - P(x_0; Z)$$

$$离散效应 = P(\xi_2; Z) - P(\xi_1; Z) \qquad (2.14)$$

$$异质效应 = P(x_1; Z) - P(\xi_2; Z)$$

引入 FGT 贫困分解指数可以表述为：

$$增长效应 = \frac{1}{n}\sum_{i=1}^{q_{\xi 1}}\left[(z-\xi_{1i})/z\right]^{\alpha} - \frac{1}{n}\sum_{i=1}^{q_{x0}}\left[(z-x_{0i})/z\right]^{\alpha}$$

$$离散效应 = \frac{1}{n}\sum_{i=1}^{q_{\xi 2}}\left[(z-\xi_{2i})/z\right]^{\alpha} - \frac{1}{n}\sum_{i=1}^{q_{\xi 1}}\left[(z-\xi_{1i})/z\right]^{\alpha}$$

$$异质效应 = \frac{1}{n}\sum_{i=1}^{q_{x1}}\left[(z-x_{1i})/z\right]^{\alpha} - \frac{1}{n}\sum_{i=1}^{q_{\xi 2}}\left[(z-\xi_{2i})/z\right]^{\alpha}$$

其中，增长效应是指其他条件不变的情况下，收入水平提升对贫困的影响程度；离散效应指其他条件不变的情况下，收入差距扩大对贫困的影响效应；异质效应指其他条件不变的情况下，异质性因素（受教育程度、家庭环境、地理环境等因素）导致贫困的差异影响，主要通过偏度等高阶矩的变化进行度量。

基于上述指标构建和贫困分解，本书首先利用反事实思想将异质性引入收入分布这一概念，并赋予其新的概念与含义。进而将收入分布变迁因素引入贫困指数分解框架，在原有的完全分解型贫困分解框架上，引入异质性因素，形成新的三维贫困分解框架。在以往单纯地从收入增长和收入分配视角进行减贫研究的基础上，引入居民异质性因素，将居民个体特征引入贫困问题的研究中，能够更好地了解收入动态变迁的减贫机制，进而在巩固拓展脱贫攻坚成果的关键时期，进一步解决我国居民返贫问题。

三、理论预期的进一步阐述

在上述理论分析与数理模型推导的基础上，本节进一步探讨收入分布变迁对减贫的作用机制。由于 CHNS 微观数据中的收入数据均按照 2015 年消费价格指数（CPI）进行调整，因此本节基于 2010 年农村贫困标准 2300 元测算的 2015 年农村贫困标准 2855 元进行实证分解，结果如表 2-2 所示。

表 2 – 2　　　　　　　基于国内贫困线 FGT 贫困指数分解结果

贫困指数	2006~2009 年			2009~2011 年			2011~2015 年		
	Δp_0	Δp_1	Δp_2	Δp_0	Δp_1	Δp_2	Δp_0	Δp_1	Δp_2
增长效应	− 0.2824	− 0.4129	− 0.2363	− 0.1143	− 0.2897	− 0.2412	− 0.1333	− 0.4696	− 0.2912
离散效应	0.4211	1.0477	1.4070	0.2032	0.5587	0.6764	0.4303	3.0125	12.1740
异质效应	− 0.2707	− 0.5847	− 1.1122	− 0.0951	− 0.2232	− 0.4015	− 0.3005	− 2.5255	− 11.8465
总效应	− 0.1319	0.0501	0.0585	− 0.0061	0.0458	0.0336	− 0.0035	0.0174	0.0362

资料来源：CHNS 数据。

由表 2 – 2 可知，在中国 2010 年农村贫困标准下，随着收入水平的提高，增长效应降低了贫困发生率，但下降幅度逐年减弱，由 28.24% 下降到 13.33%；而增长效应在降低贫困深度和贫困强度过程中，其减贫效应呈上升趋势，分别由 41.29% 和 23.63% 上升至 46.96% 和 29.12%，意味着收入的增长效应仍具有减贫效果并且减贫效应整体存在略上升趋势，说明提高收入依然能够降低我国农村居民贫困。但是随着收入分布不断变化，收入减贫的总效应出现下降趋势，并且出现返贫倾向，由此可知在收入提高的同时其他因素阻碍了贫困的降低。随着收入差距不断拉大，离散效应加深了贫困发生率、贫困深度和贫困强度，且加深幅度呈现上升趋势，同时收入分配不平等对于贫困深度和贫困强度的加深幅度明显高于贫困发生率，意味着随着收入差距拉大，离散效应进一步恶化贫困程度，阻碍减贫效果，说明缩小收入差距能够有效降低贫困，但是缩小居民收入差距政策效果并不显著。而居民异质性因素则具有显著的减贫效应，并且降低贫困深度和贫困强度作用尤其显著，可以看出异质性减贫效果逐年提升，意味着收入的残差带来的异质性减贫作用逐渐占据重要地位，说明异质性因素（如受教育水平、健康状况、家庭成员数、外出务工情况等）在减贫进程中将起到关键作用。

同时从表 2-2 可以看出，异质性在我国减贫进程中起到越来越重要的作用。因此将居民异质性引入收入分布变化中，从均值、方差和残差三个维度刻画收入动态变迁，不仅能够体现不同群体收入水平的差异，还能够体现不同群体个体特征带来的收入分布变化的差异（杨程博和孙巍，2019）。但是目前已有的研究收入分布变迁的文献还较少，且主要集中于居民收入等级、地区以及行业等方面的不平等（陈宗胜，2002；王亚芬，2007 等），或收入分布变迁对消费市场和内需的影响效应（苏鹏，2014；孙巍，2015；陆地，2018）。为了进一步测度居民异质性对贫困的影响效应，本章选取 2009~2011 年 CHNS 数据进行收入分布变迁的刻画，如图 2-3 所示。Z 为贫困线，纵轴表示密度，横轴表示收入，收入分布密度曲线和横轴之间的面积表示人群的密度，由此可知，0 到 Z 之间的范围表示贫困群体密度。由图 2-3 可知，2009年收入和反事实收入 1 之间的收入密度变动代表了"均值变化"，可以看出随着收入提升，贫困群体密度呈现下降趋势；而反事实收入 1和反事实收入 2 之间密度变动表示"方差变化"，可以看出随着收入差距扩大，贫困群体密度呈现上升趋势；而 2011 年收入和反事实收入 2 之间的密度变动则表示"残差变化"，可以看出残差变化降低了贫困群体密度。由上述分析可知，收入增长和异质性变化具有减贫效应，而收入差距扩大则恶化了贫困问题。本书在此基础上，将收入分布变迁引入贫困分解框架中，进而从收入增长、分配和异质性三个维度共同研究贫困的变化趋势，该方法对贫困问题的研究对比以往单纯地从收入增长和分配视角研究减贫问题更合理、更全面，且更具有现实意义。

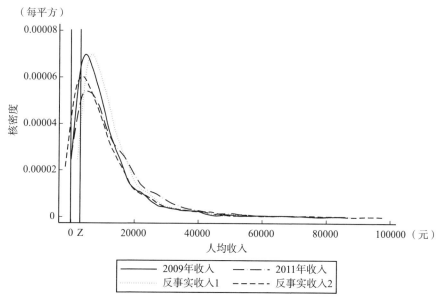

图 2 - 3　2009～2011 年收入分布变迁对贫困的影响效应

资料来源：CHNS 数据。

第三节　本 章 小 结

　　本章针对贫困居民的减贫机制及路径，通过翔实的文献梳理和理论分析，创新性地提出从收入增长、收入分配和异质性三个维度出发，构建新的三维贫困分解框架。即将异质性因素引入贫困分解中，试图在前人研究所获得的理论和实证经验的基础上，结合本书所提出的贫困分解方法，对收入分布变迁因素影响中国居民减贫的特征和机制给出新的理论阐释。

　　第一，本章分别对收入增长、收入分配和异质性三方面的减贫理论进行了梳理，从发展经济学贫困理论、福利经济学贫困理论和人力资本贫困理论三个视角回顾了经典的贫困理论，进而进一步阐述了收入分布动态变迁在减贫进程中的重要作用。从理论分析可以看出，发展经济学认为资本和储蓄不足是发展中国家陷入贫困的主要原因，因此提高发展中国家居民物质资本积累和储蓄能够有效降低贫困，但是没有高质量的技术和人才支撑，即使提高物质资本和储蓄也很难维持经济增长。且经济增长主要通过"涓滴效应"惠及穷人，但由于大部分国家经济增长与收入差距扩大并存，穷人很难自发地从经济增长中获得收益，因此仅仅依靠经济增长很难消除贫困。福利经济学则认为促进社会公平是降低贫困的主要路径，政府通过再分配调节将富人收入向穷人转移是降低贫困的有效方式，但是过度强调收入转移减贫理论则会造成"福利陷阱"，即导致贫困人口过于依赖福利政策，进而更难摆脱贫困。同时，收入差距扩大对减贫的作用效果存在倒 U 形特征，即在经济发展初期，资本由小部分富人占有，这部分人发展较快，二元经济的快速发展使收入分配不平等进一步加剧，而到了经济发展后期，政府开始干预收入分配，因此收入分配不平等开始减缓，但是收入分配减贫效应主要依赖于政府干预，很难从根本上解决贫困问题。在此背景下，人力资本减贫理论逐渐进入人们的视野，该理论主要从贫困的主体入手，从贫困人口异质性视角研究贫困问题，进而讨论贫困的解决方案。该理论突破了以往从贫困的外因入手的局限，认为贫困本质上来自异质性的个体特征。因此，要想摆脱贫困，必须加强穷人的教育、卫生健康、培训和文化等方面的投资，提高他们的人力资本积累，进而提升他们在社会中能够取得的职位，提高收入报酬，改善生活水平，最终摆脱贫困。

第二，本章在相关理论的支撑下，首先采用经济增长和人力资本贫困理论基本模型说明，当人力资本边际产品不再单调递减时，人力资本积累不足将造成经济发展倒退，居民重新陷入贫困。其次利用我国的统计数据进行分析，发现单纯地依靠经济增长和收入分配已经很难持续降低贫困，异质性在中国减贫进程中占据越来越重要的地位。再次将收入分布变迁因素引入贫困问题中，得到了收入分布变迁的贫困理论预期。最后，在此基础上，对引入收入分布变迁的贫困分解框架进行数理推导，得到从增长效应、离散效应和异质效应三个维度构建的新的贫困分解框架，在同一框架下同时分析增长效应、离散效应和异质性效应对贫困的作用效果。本章基于此进一步阐述了收入分布变迁的增长、离散和异质效应在减贫中的作用机制及路径。

第三章

收入分布变迁视角下三维
贫困分解与测度

第一节 贫困指数的选取及分解

一、贫困指数的选取

贫困理论的研究通常分为贫困识别、贫困测算和反贫困政策选择研究，其中贫困识别的直接目的是测算贫困指数，而反贫困政策效果好坏则依靠贫困指数测算衡量，因此正确测算贫困指数是进行贫困理论研究的主要问题。最初学者主要采用基础贫困指数测算贫困程度，从统计学意义上测量贫困发生率和贫困缺口，测量结果往往和直观感觉不同。因此森（Sen，1976）引入贫困的公理体系，即采用公理化方法研究贫困评价指标，开拓了贫困指数研究的新思路。森的贫困公理化方法与以往基础贫困指数测度不同之处在于，其先在经济学意义上确定贫困指数应该满足的条件，进而根据该条件筛选适合度量贫困的指数。在森和后续学者的努力下，公理化贫困指数研究已趋于完善，主要包括聚焦性、单调性、转移性、转移敏感性、子集单调性和连续性公理。其中基础贫困发生率指数和贫困缺口指数并不能完全满足上述公理，为克服基础贫困指数的不足，森（Sen，1976）构建了 Sen 贫困指数公式，但是该公式主观性较强，并且不满足转移敏感性、连续性和子集单调性公理，因此很多学者针对 Sen 贫困指数的不足提出诸多修正和完善意见，其中较为完善的有索恩（Thon，1979）和肖洛克斯（Shorrocks，1995）提出的 SST 贫困指数，该指数最大的优点在于取值处于 [0, 1] 区间内，但是该指数依然具有较大的主观性，并且不满足转移敏感性公理。由于 Sen 贫困指数存在不足，因此弗斯特、格利尔和托尔贝克（Foster, Greer and Thorbecke，1984）提出了 Foster - Greer - Thorbecke 贫困指数，简称 FGT 贫困指数。该指数除满足上述公理外，还满足可分解性，可分解性的存在使我们可以把总体贫困分解成不同的部分，可以更加深入地分析贫困。并且 FGT 贫困指数综合了贫困发生率和贫困缺口指数，因此其在贫困理论研究中的重要性不言而喻。

弗斯特等（Foster et al.，1984）构造了反映贫困的 FGT 指数族，其连续形式如式（3.1）所示：

$$FGT_{\alpha} = \frac{1}{n} \sum_{i=1}^{q} [(z - y_i)/z]^{\alpha} \tag{3.1}$$

其中，α 为贫困厌恶系数，其取值越大，则贫困厌恶程度越高，一般取 $\alpha \geq 1$。当 $\alpha = 0$ 时，$FGT_0 = q/n$，代表贫困发生率；当 $\alpha = 1$ 时，$FGT_1 = \frac{1}{n} \sum_{i=1}^{q} [(z - y_i)/z]$，代表贫困深度；当 $\alpha = 2$ 时，$FGT_2 = \frac{1}{n} \sum_{i=1}^{q} [(z - y_i)/z]^2$，代表贫困强度。由于 α 的不同取值使由贫困不平等引起的贫困变化不同，计算结果会有差别，因此本章选取中国贫困线标准和国际贫困线标准对贫困问题进行分解研究。

二、贫困指数的分解

如果贫困指数不能被分解，各个因素各自的影响不能被解释，那么贫困指数解释贫困的能力将很差，在实际中发挥的作用也很小，因此客观地进行贫困指数分解有助于深入揭示贫困的本质，更好地解决现实贫困问题。最初对贫困分解的研究主要是具有路径依赖型的贫困分解，该分解方法比较直观，但是分解的贫困线是固定不变的，并且其分解的收入效应和离散效应并不等于总效应，因此该分解方法不具有对称性和可比性（Kakwani and Subbarao，1990；Jain and Tendulkar，1990）。因此达特和拉瓦林（Datt and Ravallion，1991）提出了带残差项的贫困分解，在进行贫困分解时将收入增长和分配的交互项作为残差项进行处理，即收入效应和离散效应不能解释的部分利用残差项处理。接着有学者提出了基于回归的带有残差项的分解方法（Oaxaca，1973；Fields and Yoo，2000；Morduch and Sicular，2002），虽然带有残差项的分解方法解决了具有路径依赖型的贫困分解，但是部分学者对残差项的存在具有较大争议，认为带有残差项的回归分解方法不能够很好地解释常数项和残差项带来的影响，并指出其分解方法仅适用特定指数及方程（Wan，2004）。基于上述贫困分解中存在的问题，肖洛克斯（Shorrocks，2013）在严格的博弈论基础上，利用 Shapley 值分解法，结合基期和报告期收入变化与分配变化的影响效应并取其均值对贫困指数进行分解，该方法同时解决了残差项问题和对称性问题，因此其在贫困分解研究中得到广泛的应用。但是该方法忽略了残差的作用效果，有证据表明残差收入直接影响居民收入不平等，进而影响贫困变化趋势（Autor et al.，2005；Lemieux，2006）。且残差收入主要指劳动者获得的收入中无法测量的部分，如受教育程度和工作经验等个体特性（徐舒和朱南苗，2011）。同时有研究表明居民人口结构（家庭规模、受教育程度和户主职业等）均会对贫困产生影响（洪兴建，2005；姚洪心，2009；马文武，2019）。纵观现有文献可以发现，居民异质性因素在减贫进程中作用更加突出，因此在贫困分解过程中忽略残差效应会直接影响居民减贫效果，所以本书拟在贫困分解过程中引入残差效应，探讨居民异质性对贫困的影响程度，进一步巩固拓展脱贫攻坚成果。

第二节　贫困指数分解方法的构建

一、传统的完全分解型贫困指数分解方法

在对贫困分解方法中，常见的来源于卡克瓦尼和萨巴罗（Kakwani and Subbarao，1990）以及达特和拉瓦林（Datt and Ravallion，1991）等提出的分解方法，但由于上述分解方法要么具有路径依赖性，要么存在非零项，因此本书参照万广华和张茵（2006）提出的贫困分解过程得到了无路径依赖和非零剩余项的夏普利（Shapley）分解结果，同时该结果和肖洛克斯（Shorrocks，2013）在合作博弈理论的基础之上推导得到的分解结果具有一致性。

完全分解型贫困分解将贫困分解为增长成分和再分配成分。增长成分为保持收入 Y 离中趋势不变的情况下，收入均值变化而导致贫困的变化；再分配成分是保持收入 Y 均值不变的情况下，Y 的离中趋势变化而导致贫困的变化。假设有 0 和 t 两个不同时期，我们用 L_0、L_t 和 u_0、u_t 分别表示收入的离中趋势和均值，该贫困分解过程如下：

设时期 0 到时期 T 的贫困指数变化为 ΔP，则

$$\Delta P = P(Y_t;\ Z) - P(Y_0;\ Z) \tag{3.2}$$

根据达特和拉瓦林（Datt and Ravallion，1991）的分解法，贫困变化 ΔP 中的增长成分和再分配成分可以表示为：

$$增长成分 = P(L_0,\ u_t) - P(Y_0;\ Z) \tag{3.3}$$

$$再分配成分 = P(L_t,\ u_0) - P(Y_0;\ Z) \tag{3.4}$$

或者：

$$增长成分 = P(Y_t;\ Z) - P(L_t,\ u_0) \tag{3.5}$$

$$再分配成分 = P(Y_t;\ Z) - P(L_0,\ u_t) \tag{3.6}$$

如果采用第一种分解方式，则采用的参照点为 0 时期，而采用第二种分

解方式，则参照点变为 t 时期，这两种不同参照时期的分解结果不一定相同，因此为了能更好地分解贫困，本书采用两种不同时期参照点分解组合的分解贫困率指数，该组合方式取两种分解方式的平均值：

$$\Delta P = 0.5\{[P(Y_t;\ Z) - P(L_t,\ u_0)] + [P(L_0,\ u_t) - P(Y_0;\ Z)]\}$$
$$+ 0.5\{[P(Y_t;\ Z) - P(L_0,\ u_t)] + P(L_t,\ u_0) - P(Y_0;\ Z)\}$$

$$(3.7)$$

由式（3.7）可以将增长成分和再分配成分分别表示为 G 和 I：

$$G = 0.5\{[P(Y_t;\ Z) - P(L_t,\ u_0)] + [P(L_0,\ u_t) - P(Y_0;\ Z)]\}$$

$$(3.8)$$

$$I = 0.5\{[P(Y_t;\ Z) - P(L_0,\ u_t)] + P(L_t,\ u_0) - P(Y_0;\ Z)\} \quad (3.9)$$

由于本书采用的是微观调查数据，因此 $P(L_0,\ u_t)$ 和 $P(L_t,\ u_0)$ 可以通过对每一个观测值的收入 Y 进行变换，采用 FGT 贫困指数分解得到的增长成分 G 和再分配成分 I 结果如下：

$$G = 0.5\{[P(Y_t;\ Z) - P(L_t,\ u_0)] + [P(L_0,\ u_t) - P(Y_0;\ Z)]\}$$

$$= 0.5\left\{\left[\frac{1}{n}\sum_{i=1}^{q}\left(\frac{z - y_{ti}}{z}\right)^{\alpha} - \frac{1}{n}\sum_{i=1}^{q}\left(\frac{z - y_{ti}\times\frac{u_0}{u_t}}{z}\right)^{\alpha}\right]\right.$$

$$\left. + \left[\frac{1}{n}\sum_{i=1}^{q}\left(\frac{z - y_{0i}\times\frac{u_t}{u_0}}{z}\right)^{\alpha} - \frac{1}{n}\sum_{i=1}^{q}\left(\frac{z - y_{0i}}{z}\right)^{\alpha}\right]\right\} \quad (3.10)$$

$$I = 0.5\{[P(Y_t;\ Z) - P(L_0,\ u_t)] + P(L_t,\ u_0) - P(Y_0;\ Z)\}$$

$$= 0.5\left\{\left[\frac{1}{n}\sum_{i=1}^{q}\left(\frac{z - y_{ti}}{z}\right)^{\alpha} - \frac{1}{n}\sum_{i=1}^{q}\left(\frac{z - y_{0i}\times\frac{u_t}{u_0}}{z}\right)^{\alpha}\right]\right.$$

$$\left. + \left[\frac{1}{n}\sum_{i=1}^{q}\left(\frac{z - y_{ti}\times\frac{u_0}{u_t}}{z}\right)^{\alpha} - \frac{1}{n}\sum_{i=1}^{q}\left(\frac{z - y_{0i}}{z}\right)^{\alpha}\right]\right\} \quad (3.11)$$

二、基于收入分布变迁的三维贫困分解方法

以往学者主要从收入增长和再分配对贫困影响的视角进行研究，但

是收入增长减贫效应逐渐减弱，收入差距扩大的恶贫效应却呈现加深趋势，且收入增长的减贫效应已经很难弥补收入差距扩大带来的恶贫效应。而居民异质性的减贫效应逐渐开始显著，因此本书拟引入收入分布变迁因素从居民异质性视角深入研究如何进一步巩固拓展脱贫攻坚成果。通过对各项贫困指数研究发现，FGT 指数既满足公理化方法，又是具有可加可分性的综合贫困指数，因此本书采用 FGT 贫困分解指数，从收入分布变迁视角研究农村贫困状况及趋势。

（一）反事实收入指标的设计

詹金斯和范科姆（Jenkins and Van Kerm，2005）基于反事实分析法将收入分布变迁分为三部分：方差变化、均值变化和残差变化。本书基于上述方法，构建由均值、方差和残差变动带来的收入分布变迁的反事实假设变量。

均值变化是指居民收入水平的变动。其中 x_0 和 x_1 分别是基期和报告期的收入，$x_0 \sim F(u_0, \sigma_0^2)$，$x_1 \sim F(u_1, \sigma_1^2)$，收入仅发生均值的变化形成的反事实收入如式（3.12）所示：

$$\xi_1 = x_0 + \Delta x = x_0 + (u_1 - u_0) \tag{3.12}$$

方差变化反映的是个体收入关于分布均值的两极化改变，在式（3.12）的基础上，只允许收入分布的方差改变，使 ξ_1 的方差变换至 x_1 的方差 σ_1^2，得到反事实收入 ξ_2，如式（3.13）所示：

$$\xi_2 = u_1 + \frac{\sigma_1}{\sigma_0}(x_0 - u_0) \tag{3.13}$$

如此一来，收入分布变迁的过程就可以分解为式（3.14）：

$$x_1 - x_0 = (\xi_1 - x_0) + (\xi_2 - \xi_1) + (x_1 - \xi_2) \tag{3.14}$$

其中，$(\xi_1 - x_0)$ 表示收入变化中的均值变化，$(\xi_2 - \xi_1)$ 表示方差变化，$(x_1 - \xi_2)$ 则表示残差变化。收入分布变迁指标的构建为下文引入收入分布变迁因素的贫困分解奠定了基础。

（二）基于反事实收入指标的 FGT 指数分解

基于夏普利（Shapley）的贫困分解方法，引入收入分布变迁动态变化趋势，将贫困分解为增长成分、再分配成分和残差项。增长成分为保持收入 Y 其他项固定的情况下，仅收入水平变化而带来的贫困改变，即为增长效应；再分配成分是保持收入 Y 其他项固定的情况下，Y 的方差变化而造成的贫困变动，即为离散效应；残差项是保持收入 Y 其他项固定的情况下，Y 的残差变化带来的贫困变动，即为异质效应。假设有 0 和 T 两个不同时期，σ_0、σ_t、u_0、u_t 和 ε_0、ε_1 分别为 0 期和 T 期收入的方差、均值和残差，该贫困分解过程如下：

ΔP 为贫困指数由基期变化到 T 期，P 是 FGT 指数，则：

$$\Delta P = P(Y_t; Z) - P(Y_0; Z)$$

Z 是选取的贫困线，根据达特和拉瓦林（Datt and Ravallion，1991）的分解法，贫困指数变化 ΔP 中的增长效应、离散效应和异质效应如式（3.15）所示：

$$增长效应 = P(\xi_1; Z) - P(x_0; Z)$$
$$离散效应 = P(\xi_2; Z) - P(\xi_1; Z) \qquad (3.15)$$
$$异质效应 = P(x_1; Z) - P(\xi_2; Z)$$

引入 FGT 贫困指数分解具体形式可以表述为：

$$增长效应 = \frac{1}{n}\sum_{i=1}^{q_{\xi1}}\left[(z-\xi_{1i})/z\right]^{\alpha} - \frac{1}{n}\sum_{i=1}^{q_{x0}}\left[(z-x_{0i})/z\right]^{\alpha}$$

$$离散效应 = \frac{1}{n}\sum_{i=1}^{q_{\xi2}}\left[(z-\xi_{2i})/z\right]^{\alpha} - \frac{1}{n}\sum_{i=1}^{q_{\xi1}}\left[(z-\xi_{1i})/z\right]^{\alpha}$$

$$异质效应 = \frac{1}{n}\sum_{i=1}^{q_{x1}}\left[(z-x_{1i})/z\right]^{\alpha} - \frac{1}{n}\sum_{i=1}^{q_{\xi2}}\left[(z-\xi_{2i})/z\right]^{\alpha}$$

其中，增长效应是指其他条件不变的情况下，收入水平提升对贫困的影响程度；离散效应指其他条件不变的情况下，收入差距扩大对贫困的影响效应；而异质效应指其他条件不变的情况下，个人异质性因素（受教育程度、家庭环境、地理环境等因素）导致贫困的差异影响，主要通过偏度等高阶矩的变化进行度量。

第三节　数据来源与统计性描述

一、数据来源

本章选取 2006～2015 年中国营养与健康调查（CHNS）[①] 家庭微观大样本调查数据进行研究。由于该数据库样本量大，调查持续时间长，并且包含大量的收入数据，因此本书选取该数据库进行贫困问题研究。本书使用的收入数据均按照 2015 年消费价格指数（CPI）予以调整，并分别采用国内贫困标准和世界银行发布的 1.9 美元和 3.2 美元每人每天国际贫困标准做对比分析，进而对中国农村居民收入分布变化和贫困现状进行细致描述。

由图 3-1 可知，我国农村低收入居民密度整体呈现下降趋势但在 2015 年有所上升，高收入人群密度则呈现上升趋势，意味着随着我国农村居民收入水平整体提高，收入差距亦呈现扩大趋势，且仅从收入上看农村居民出现返贫风险。因此将收入分解后研究其对农村居民贫困变化的作用机制，能够更好地揭示贫困问题的本质。

---

① CHNS 数据涵盖了 1989 年、1991 年、1993 年和 1997 年，这 4 年平均调查了 3600 户家庭，而 2000 年、2004 年、2006 年、2009 年、2011 年和 2015 年平均调查了 4400 个家庭，大约有 19000 个人。该数据库是由中国预防科学院和北卡罗来纳大学共同调查整理完成，主要目的是研究中国家庭营养健康计划政策以及经济和社会变迁对健康的影响。该数据库目前包含 15 个省份调查数据。由于 2009 年和 2011 年调查省份较少，因此本章主要选取辽宁、黑龙江、江苏、山东、河南、湖南、湖北、广西和贵州 9 个省份的调查数据为基准，并基于此将数据分为东中西三个区域，其中东部地区主要包括辽宁、江苏和山东三个省份，中部地区主要包括黑龙江、河南、湖北和湖南四个省份，西部地区主要包括广西和贵州，由于广西和贵州属于西部地区，且西部地区和西北地区的贫困特点与成因差别很大，因此本书西部地区主要指西部地区。

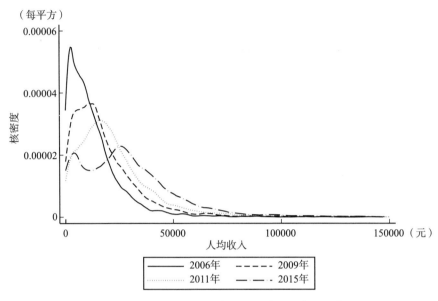

图 3 - 1 2006 ~ 2015 年农村居民收入核密度分布

二、贫困标准的选取与测算

目前，世界银行主要使用每人每天 1.9 美元、3.2 美元和 5.5 美元作为贫困状态的测量标准。其中，1.9 美元每人每天表示极端贫困标准，是全球 15 个最穷国家的贫困标准平均值；3.2 美元每人每天为中等偏低收入国家的贫困标准；5.5 美元每人每天为中等偏上收入国家的贫困标准。由于目前中国处于发展中国家行列，因此本书分别选取每人每天 1.9 美元和 3.2 美元国际贫困标准与 2010 年国内贫困标准 2300 元进行对比分析。

每人每天 1.9 美元和 3.2 美元国际贫困标准对应的是城乡平均物价水平，而由《中国统计年鉴》数据可知，2015 年城乡居民消费价格指数为 615.2（1978 = 100），城镇居民消费价格指数为 662.6（1978 = 100），但是由于农村居民消费价格指数是以 1985 年为基期，无法直接计算得出城乡居民消费物价水平差异，因此本书根据由国家统计局制定的《流通和消费价格统计调查方案》和相关说明中关于城乡消费价格指数的计算原则（全国居民消费价格指数根据全国城市和农村指数按城乡居民消费支出金额加权平均计算），测算出农村居民消费价格指数为505.25（1978＝100），由此测算出中国城乡物价水平差异为31.14%，该测算结果与鲜祖德和王萍萍等（2016）估算的城乡物价水平大概有30%的差异结果相符合，因此本书采取该测算方法分别得到根据每人每天1.9美元和3.2美元国际贫困标准对应的以人民币表示的农村贫困标准。

世界银行2015年购买力平价指数为1美元＝3.819元人民币，据此将1.9美元和3.2美元每人每天国际贫困标准分别折算成以人民币表示的贫困标准为2649元和4461元，进而依据上述我国城乡消费者价格指数计算出与之对应的用人民币表示的我国农村贫困标准分别为2175元和3664元，以此作为以人民币表示的国际贫困标准下现行农村贫困线。

1978年以来中国政府先后采用过三个贫困标准，分别为按照1978年价格每人每年100元的1978年标准、按照2000年价格每人每年865元的2008年标准和按照2010年价格每人每年2300元的2010年标准。而我国农村贫困标准包括两种调整方式：第一种是根据不同时期社会发展状况和生活水平进行调整；第二种是保持生活水平不变，采用不同年份物价水平进行调整。本书采用第二种调整方式，但是由于整体农村消费结构与贫困人群消费结构不同，因此直接采用农村消费价格指数测算农村贫困线可能会高估或低估农村的贫困状况，因此本书采取国家统计局所使用的低收入人群价格指数进行贫困标准的调整。本书以2010年标准2300元为基准，采用中国农村贫困监测报告数据，根据2015年低收入人群价格指数进行调整，得到2015年贫困线为每人每年2855元，并且通过对比测算发现现行农村贫困标准是科学合理的，符合中国的发展阶段和国情（鲜祖德和王萍萍，2016）。同时本书采用CHNS数据，该数据库中居民人均收入数据均按照2015年消费价格指数（CPI）进行调整，因此本书选取2015年国内农村贫困标准每人每年 2855 元与国际贫困标准每人每年 1.9 美元和 3.2 美元进行对比分析。

三、中国居民贫困状况统计性描述

本章首先采用中国家庭营养与健康数据（CHNS）统计描述中国农村不均等状况和贫困状况，在统计描述中贫困线分别采用国内 2010 年标准每人每年 2300 元和国际贫困标准每人每天 1.9 美元。由表 3 - 1 可以看出，采用不同贫困线标准并未影响贫困的变化趋势，仅影响贫困程度，贫困线标准越高，贫困程度越深，因此采用贫困线标准并不影响本章的研究结论，下文主要采用国内贫困线标准进行分析。中国农村居民贫困发生率在 2009 ~ 2015 年呈现降低趋势，贫困规模逐年减小，到2015 年贫困发生率降低了 51.96%。农村贫困深度整体呈现下降趋势，但是从 2011 年开始呈现小幅度上升趋势。农村贫困强度整体存在下降趋势，但是从 2009 年开始也出现上升趋势，说明农村贫困强度逐年加剧。综上所述，巩固拓展脱贫攻坚成果的关键在于农村贫困的顽固程度，因此本章从异质性视角，将收入分布变迁因素引入贫困指数分解，从三个维度研究贫困。

表 3 - 1　　　　　　　　　中国农村贫困指数变化

年份	贫困发生率		贫困深度		贫困强度	
	国内贫困线	国际贫困线	国内贫困线	国际贫困线	国内贫困线	国际贫困线
2009	0.1126	0.2841	0.0526	0.1270	0.0335	0.0787
2011	0.1137	0.2436	0.0534	0.1179	0.0340	0.0763
2015	0.1048	0.2099	0.0543	0.1074	0.0372	0.0731

资料来源：CHNS 数据。

在进行收入分解前，本章采用基尼系数对 2009 ~ 2015 年农村居民收入不平等程度进行分析，发现中国农村基尼系数均处于 0.5 以上。根据国际标准，一般基尼系数低于 0.2，表示居民收入分配高度平等；而处于 0.2~0.3 之间，表示较为平均；处于 0.3~0.4 之间，则表示居民收入差距比较大；如果高于 0.5 则表示贫富差距悬殊；若超过 0.6 则表示社会存在发生动乱的可能性。因此，中国农村居民收入贫富差距非常大，存在严重的收入分配不平等，并且由表 3 - 2 可以看出，中国农村居民基尼系数整体呈现上升趋势，收入分配不平等趋势加剧。

表 3 - 2　　　　　　　　　　农村收入差距测量

项目	2006 年	2009 年	2011 年	2015 年
变异系数	1.3720	1.2960	1.1843	1.6156
对数标准差	1.0977	1.1041	1.1321	1.3069
基尼系数	0.5069	0.5104	0.5042	0.5646
卡克瓦尼测量	0.2161	0.2322	0.2306	0.2671
泰尔熵度量	0.4843	0.4750	0.4469	0.6267

资料来源：CHNS 数据。

同时，本章利用基尼系数对 2009~2015 年东中西部居民收入不平等程度进行分析（见表 3 - 3），发现东部地区基尼系数相对较低，处于 0.43 左右，并且基尼系数整体呈现上升趋势，仅于 2011 年略有下降。中部地区基尼系数明显高于东部地区，2015 年甚至达到 0.5272。而随着收入增加，西部地区基尼系数远远高于东中部地区，2015 年基尼系数高达 0.5383。因此，中国中西部地区居民收入贫富差距悬殊，存在严重的收入分配不平等，而东部地区收入不平等程度略低。以上数据分析说明，越是经济发展落后地区收入分配差距越大，收入差距悬殊进一步阻碍了经济发展，进而形成恶性循环，使得西部大开发越发艰难，因此想要促进中国西部落后地区经济发展，降低西部地区的贫困，扎实推进共同富裕，必然要改善西部地区收入分配不平等问题。

表 3 - 3　　　　　　　　　　东中西部收入基尼系数测量

年份	基尼系数		
	东部	中部	西部
2009	0.4339	0.4953	0.4891
2011	0.4218	0.4837	0.4986
2015	0.4382	0.5272	0.5383

资料来源：CHNS 数据。

　　在此基础上，本章进一步对贫困指数进行测算，发现选用国内贫困线标准和国际贫困线标准并不影响中国东中西部地区贫困发生率变化的趋势，仅对贫困发生率高低具有影响，贫困线越高，贫困发生率越大，因此本章进行趋势分析时主要采用国内贫困线进行分析。由表 3 - 4 可知，中国东部地区贫困发生率明显低于中部地区，而中部地区和西部地区贫困发生率相差并不明显。但是东部地区贫困发生率整体呈现上升趋势，而中西部地区贫困发生率整体呈现下降趋势。这说明中国东部地区经济发展较快，贫困程度明显低于其他地区，但是随着收入分配差距扩大，贫困发生率也随之呈现上升趋势，表明东部地区收入增长带来的好处已不足以弥补收入分配不平等对于经济的恶化程度；而虽然中西部地区贫困发生率要高于东部，但是中西部地区贫困发生率却明显存在下降趋势，说明中西部地区收入增长能够持续降低贫困发生率，并且收入分配不平等对于经济的阻碍作用不明显。通过对比分析可知，经济发展速度越快，贫困人口能够享受到的经济增长带来的好处就越少，而收入分配不平等带来的贫困恶化程度越高。

表 3 - 4　　　　　　　　　　区域性贫困发生率变化

年份	国内贫困线				国际贫困线			
	农村	东部	中部	西部	农村	东部	中部	西部
2009	0.1126	0.0333	0.1145	0.1261	0.2841	0.1467	0.2767	0.3220
2011	0.1137	0.0640	0.1263	0.1175	0.2436	0.1384	0.2379	0.2550
2015	0.1048	0.0646	0.0969	0.1131	0.2099	0.1170	0.1843	0.2119

资料来源：CHNS 数据。

由表 3 - 5 可知，东部地区贫困深度整体小于中部地区，而中部地区贫困深度要小于西部地区，说明经济增长确实能够降低贫困。但是东部地区贫困深度整体呈现上升趋势，而中西部地区贫困深度整体呈现下降趋势。虽然 2011 年贫困深度略有反弹，但是整体趋势不变，并且东部地区和中西部地区呈现明显的反向变化，说明东部经济发展与贫困变化趋势与中西部存在很大区别，因此分地区研究中国巩固拓展脱贫攻坚成果具有重大意义。

表 3 - 5   贫困深度指数变化

年份	国内贫困线				国际贫困线			
	农村	东部	中部	西部	农村	东部	中部	西部
2009	0.0526	0.0293	0.0523	0.0593	0.1270	0.0651	0.1256	0.1422
2011	0.0534	0.0289	0.0644	0.0795	0.1179	0.0660	0.1247	0.1750
2015	0.0543	0.0331	0.0481	0.0648	0.1074	0.0658	0.0932	0.1163

资料来源：CHNS 数据。

由表 3 - 6 可以看出，2009 ~ 2015 年，中国东部地区贫困强度要低于中部，而中部地区贫困强度低于西部地区，说明经济发展确实能够降低贫困强度。但是东部地区贫困强度整体呈现上升趋势，而中西部地区在贫困强度上则出现分化，中部地区贫困强度呈现下降趋势，西部地区贫困强度整体增强，虽然中间略有反弹，但是整体趋势不变。这说明经济快速发展确实能够降低贫困，但是收入分配差距随之逐渐扩大，进而阻碍巩固拓展脱贫攻坚成果和共同富裕进程。

表 3 - 6   贫困强度指数变化

年份	国内贫困线				国际贫困线			
	农村	东部	中部	西部	农村	东部	中部	西部
2009	0.0335	0.0194	0.0333	0.0404	0.0335	0.0416	0.0783	0.0888
2011	0.0340	0.0177	0.0426	0.1134	0.0340	0.0421	0.0855	0.1345
2015	0.0372	0.0225	0.0317	0.0466	0.0372	0.0454	0.0634	0.0828

资料来源：CHNS 数据。

综上所述，2009~2015年，中国东中西部收入差距大小明显不同，东部地区收入差距明显低于中西部地区。虽然东部地区贫困发生率低于中西部地区，但是随着收入增长和收入差距不断扩大，东部地区贫困发生率呈现上升趋势，而中西部地区呈现下降趋势。同时，虽然东部地区贫困深度和强度均低于中西部地区，但是东部地区贫困深度和强度均呈现上升趋势，中西部地区贫困深度却呈现下降趋势，而在贫困强度上，西部地区贫困强度呈现上升趋势。数据分析表明，东中西部地区贫困状态存在显著差异，因此其巩固拓展脱贫攻坚成果的路径不能一概而论。东部地区经济发展明显快于中西部地区，经济增长能否持续降低贫困？收入增长与收入分配对于中东西部地区贫困影响路径有何差别？中国要进一步巩固拓展脱贫攻坚成果要制定怎样的政策？本章基于这些问题对贫困进行分解，进一步分析收入增长、收入分配和异质性因素对贫困的作用效应，进而根据不同的减贫路径制定有效的巩固拓展脱贫攻坚成果的政策。

第四节　两种贫困分解方法的测度
结果及对比分析

一、传统的贫困分解方法的测度结果及分析

改革开放以来，我国居民收入水平迅速提高，贫困发生率也由1978年97.5%下降至2019年的0.6%[①]，我国脱贫攻坚战略取得了巨大成效，并于2020年完成全面脱贫任务。但是脱贫人口依然存在返贫风险，因此进一步研究如何巩固拓展脱贫攻坚成果具有重要意义。本章首先采用完全分解型贫困分解方法对农村贫困进行分解，该方法参照万广华和张茵（2006）提出的贫困分解过程将FGT贫困指数分解为增长

[①]　数据来自国家统计局农村住户调查和居民收支与生活状况调查。

效应和再分配效应,分析两效应对贫困的作用效果,得到无路径依赖的非零剩余项的 Shapley 分解结果和肖洛克斯(Shorrocks,2013)在合作博弈理论的基础之上推导得到的分解结果具有一致性。

(一)中国农村居民贫困分解结果

本节分别在国际贫困标准 1.9 美元和 3.2 美元以及国内 2010 年贫困标准 2300 元贫困线下对中国农村贫困进行分解,结果如表 3 - 7 和表 3 - 8 所示。由表 3 - 7 可知,在国际贫困标准线每人每天 3.2 美元标准下,增长效应能够降低贫困发生率、贫困深度和贫困强度,但是增长效应减贫幅度存在下降趋势,分别由 13.40%、2.33% 和 1.61% 下降至 6.16%、1.99% 和 1.64%,可以看出提高居民收入水平降低贫困发生率的下降幅度明显高于贫困深度和贫困强度,2006~2015 年,增长效应对于降低贫困发生率、贫困深度和强度的贡献率分别为 - 54.03%、- 14.59% 和 1.86%,说明增长效应在降低贫困发生率方面作用明显下降。而再分配效应则加深了农村居民贫困程度,且随着我国农村居民收入差距的拉大,再分配效应的恶贫效应呈现上升趋势,分别由 - 2.37%、3.16% 和 3.95% 上升至 5.02%、4.45% 和 5.01%,意味着收入分配的恶贫效应直接阻碍农村居民减贫进程。同时,随着我国经济增长伴随着收入差距扩大,收入带来的增长效应和再分配效应对于贫困的作用效果存在非对称性,导致我国农村居民贫困发生率虽然依旧存在下降趋势,但是下降趋势逐渐减弱,而贫困深度和贫困强度均存在上升趋势,说明收入增长已不足以弥补收入差距扩大带来的恶贫效应。

表 3 - 7 国际贫困标准下完全分解型 FGT 指数分解结果

项目	2006~2009 年			2009~2011 年			2011~2015 年		
	Δp_0	Δp_1	Δp_2	Δp_0	Δp_1	Δp_2	Δp_0	Δp_1	Δp_2
1.9 美元标准									
增长效应	- 0.0859	0.0236	0.0192	- 0.0168	- 0.0114	- 0.0085	- 0.0440	0.0137	0.0129

续表

项目	2006~2009 年			2009~2011 年			2011~2015 年		
	Δp_0	Δp_1	Δp_2	Δp_0	Δp_1	Δp_2	Δp_0	Δp_1	Δp_2
分配效应	−0.0068	0.0664	0.0663	0.0273	0.0057	0.0023	0.0334	0.0752	0.0726
总效应	−0.0926	0.0900	0.0854	0.0105	−0.0057	−0.0062	−0.0106	0.0888	0.0855
3.2 美元标准									
增长效应	−0.1340	−0.0233	−0.0161	−0.0382	0.0058	0.0040	−0.0616	−0.0199	−0.0164
分配效应	−0.0237	0.0316	0.0395	0.0168	0.0466	0.0415	0.0502	0.0445	0.0501
总效应	−0.1577	0.0083	0.0234	−0.0214	0.0524	0.0455	−0.0114	0.0246	0.0336

资料来源：CHNS 数据。

表 3-8　　国内贫困标准下完全分解型 FGT 指数分解结果

项目	2006~2009 年			2009~2011 年			2011~2015 年		
	Δp_0	Δp_1	Δp_2	Δp_0	Δp_1	Δp_2	Δp_0	Δp_1	Δp_2
增长效应	−0.1125	−0.0047	0.0011	−0.0290	0.0095	0.0054	−0.0493	−0.0216	−0.0129
分配效应	−0.0194	0.0548	0.0574	0.0229	0.0363	0.0282	0.0458	0.0391	0.0491
总效应	−0.1319	0.0501	0.0585	−0.0061	0.0458	0.0336	−0.0035	0.0174	0.0362

资料来源：CHNS 数据。

　　而由表 3-8 可知，在国内贫困标准下，增长效应依然能够降低贫困发生率、贫困深度和贫困强度，但是降低贫困发生率效应呈现下降趋势，而降低贫困深度和贫困强度呈现上升趋势，意味着提高居民收入水

平能够更好地降低居民贫困深度和贫困强度；收入再分配效应则依然存
在恶贫效应，且恶化贫困发生率趋势明显高于贫困深度和贫困强度，意
味着收入的增长效应和再分配效应在减贫进程中作用效果存在非对称
性，依靠经济增长减贫已经很难弥补收入差距扩大带来的恶贫效应，即
单纯地依靠经济增长已经很难进一步巩固拓展脱贫攻坚成果。从总效应
对贫困的影响程度上看，国内贫困线和国际贫困线影响趋势差别不大，
意味着贫困线的选取对于贫困问题的研究影响不大，但是同时可以看出
贫困线越高，增长效应的减贫效果越好。

（二）中国区域性完全分解型贫困分解结果及分析

表 3 – 9 中 F_0、P_1 和 P_2 分别表示当 $\alpha = 0$、$\alpha = 1$ 和 $\alpha = 2$ 时 FGT 指
数，分别表示贫困发生率、贫困深度和贫困强度。从表 3 – 10 可知，在
3.2 美元国际标准下，对于东部地区，收入增长效应能够降低贫困发生
率、贫困深度和贫困强度，虽然收入增长效应降低贫困发生率效果要高
于贫困深度和强度，但是其降低贫困发生率效应呈现下降趋势，而降低
贫困深度和贫困强度效应呈现上升趋势；收入再分配效应在恶化贫困发
生率的同时也恶化了贫困深度和贫困强度，虽然恶化贫困发生率效应要
明显低于贫困深度和贫困强度，但其恶化贫困发生率效应上升趋势明显
高于贫困深度和贫困强度，说明对于东部地区，提高居民收入能够有效
降低贫困深度和贫困强度，但是在降低贫困规模方面效果下降，并且由
于东部地区收入增长的减贫效应与收入分配的恶贫效应存在非对称性，
因此收入增长效应很难弥补收入差距扩大带来的恶贫效应。

表 3 – 9 1.9 美元国际贫困线下 2006 ~ 2015 年区域贫困分解变化趋势

项目	东部			中部			西部		
	P_0	P_1	P_2	P_0	P_1	P_2	P_0	P_1	P_2
2006 ~ 2009 年									
增长效应	– 0.0398	0.0110	0.0090	– 0.0799	0.0244	0.0210	– 0.1021	0.0524	0.0444

续表

项目	东部			中部			西部		
	P_0	P_1	P_2	P_0	P_1	P_2	P_0	P_1	P_2
分配效应	−0.0156	0.1634	0.1603	−0.0059	0.0243	0.0143	0.0049	0.0148	0.0302
总效应	−0.0554	0.1744	0.1693	−0.0857	0.0486	0.0353	−0.0972	0.0673	0.0745
2009～2011 年									
增长效应	−0.0073	−0.0124	−0.0117	−0.0119	−0.0212	−0.0144	−0.0296	0.0242	0.0172
分配效应	0.0173	−0.0970	−0.0869	0.0302	0.0379	0.0316	0.0283	−0.0204	−0.0352
总效应	0.0100	−0.1094	−0.0986	0.0183	0.0167	0.0172	−0.0013	0.0038	−0.0179
2011～2015 年									
增长效应	−0.0258	−0.0050	0.0055	−0.0421	−0.0189	−0.0127	−0.0363	0.0082	0.0109
分配效应	0.0328	0.1112	0.1167	0.0070	0.0294	0.0344	0.0437	0.1045	0.1104
总效应	0.0070	0.1062	0.1222	−0.0351	0.0105	0.0216	0.0074	0.1127	0.1213

资料来源：CHNS 数据。

表 3－10   3.2 美元国际贫困线下 2006～2015 年区域贫困分解变化趋势

项目	东部			中部			西部		
	P_0	P_1	P_2	P_0	P_1	P_2	P_0	P_1	P_2
2006～2009 年									
增长效应	−0.0701	−0.0180	−0.0082	−0.1198	−0.0244	−0.0162	−0.1662	−0.0132	−0.0066

项目	东部			中部			西部		
	P_0	P_1	P_2	P_0	P_1	P_2	P_0	P_1	P_2
分配效应	−0.0408	0.0668	0.0825	−0.0158	0.0162	0.0165	−0.0056	0.0258	0.0259
总效应	−0.1109	0.0489	0.0742	−0.1355	−0.0082	0.0004	−0.1718	0.0126	0.0193
2009～2011 年									
增长效应	−0.0159	−0.0019	0.0003	−0.0329	0.0120	0.0069	−0.0507	0.0015	0.0023
分配效应	0.0204	0.0050	−0.0119	0.0153	0.0672	0.0661	0.0125	0.0375	0.0330
总效应	0.0045	0.0031	−0.0116	−0.0177	0.0791	0.0731	−0.0382	0.0390	0.0353
2011～2015 年									
增长效应	−0.0293	−0.0263	−0.0285	−0.0727	0.0018	−0.0020	−0.0563	0.0014	−0.0009
分配效应	0.0363	0.0949	0.1033	0.0237	−0.0073	−0.0011	0.0578	0.0612	0.0740
总效应	0.0070	0.0686	0.0749	−0.0491	−0.0055	−0.0031	0.0015	0.0626	0.0731

资料来源：CHNS 数据。

对于中部地区，收入增长效应无论是在降低贫困发生率、贫困深度还是贫困强度方面均存在下降趋势，但下降趋势却逐年趋缓，且在降低贫困深度和贫困强度方面下降趋势尤其显著；收入再分配效应不仅恶化了贫困发生率，也恶化了贫困深度和贫困强度，但是恶化贫困发生率程度上升，而恶化贫困深度和贫困强度效应则呈现下降趋势。由此可知，虽然收入的增长效应很难弥补收入差距扩大带来的贫困深度和贫困强度的恶化效应，但是依然能够弥补贫困发生率的恶化效应。

对于西部地区，收入增长效应虽然能够降低贫困发生率、贫困深度和贫困强度，但是其减贫幅度呈现下降趋势；收入分配不平等明显恶化西部地区贫困，且无论是恶化贫困发生率还是恶化贫困深度和强度均呈现上升趋势，由此可以看出，提高西部地区居民收入水平很难弥补收入差距扩大带来的恶贫效应。

除此之外，东部地区收入增长降低贫困发生率的效应明显低于中西部地区，而收入增长降低贫困深度和贫困强度的效应则是东部地区显著高于中西部地区，说明收入增长效应对于降低东部地区贫困深度和贫困强度更有效，但是降低东部地区贫困发生率效果减弱，因此为了更好地巩固拓展东部地区脱贫攻坚成果，应积极寻求更具有针对性的政策措施，例如构建教育和健康巩固拓展脱贫攻坚成果的长效机制；从中部地区的贫困发生率、贫困深度和贫困强度的总效应可以看出，促进经济增长和分配公平依然能够有效缓解中部地区贫困，因此为了巩固拓展中部地区脱贫攻坚成果，在关注东部地区经济发展和分配公平的同时寻求更具有针对性的政策路径；对于西部地区，虽然其贫困程度要高于东中部地区，但其收入增长降低贫困发生率效应也明显高于东中部地区，但是收入增长效应对于西部地区贫困深度和贫困强度的缓解作用有限，且收入分配不平等对西部地区居民贫困恶化效应明显。说明对于西部地区，收入增长虽然能够降低贫困发生率，但是整体减贫效应却不明显，因此为了巩固拓展西部地区的脱贫攻坚成果，必须寻求新的政策措施，从内生性视角增强西部地区居民内生增长动力，促进居民收入持续稳定增长，扎实推进共同富裕。

同时，本章分别采用每人每天 1.9 美元国际贫困标准和 2010 年国内贫困标准，进一步分析我国东中西部地区居民收入增长和再分配对贫困的影响效应，结果如表 3 - 10 和表 3 - 11 所示，从三种贫困标准的对比结果可以看出，贫困线的选取对完全分解型贫困分解结果影响不大，但是贫困线越高，收入的增长效应减贫效果越好。

表 3 – 11　　国内贫困线下 2006 ~ 2015 年区域贫困分解变化趋势

项目	东部			中部			西部		
	P_0	P_1	P_2	P_0	P_1	P_2	P_0	P_1	P_2
2006 ~ 2009 年									
增长效应	– 0.0610	0.0011	0.0026	– 0.1051	0.0023	0.0065	– 0.1261	– 0.0093	0.0025
分配效应	– 0.0328	0.1062	0.1194	– 0.0077	0.0213	0.0156	0.0007	0.0201	0.0260
总效应	– 0.0938	0.1074	0.1220	– 0.1128	0.0237	0.0221	– 0.1254	0.0108	0.0285
2009 ~ 2011 年									
增长效应	– 0.0163	0.0314	0.0219	– 0.0193	– 0.0092	– 0.0065	– 0.0395	0.0061	0.0066
分配效应	0.0200	– 0.0349	– 0.0504	0.0227	0.0651	0.0585	0.0132	0.0491	0.0284
总效应	0.0036	– 0.0035	– 0.0284	0.0034	0.0559	0.0520	– 0.0263	0.0552	0.0350
2011 ~ 2015 年									
增长效应	– 0.0204	– 0.0649	– 0.0465	– 0.0561	0.0005	– 0.0064	– 0.0422	– 0.0118	– 0.0048
分配效应	0.0403	0.0721	0.0890	0.0140	0.0071	0.0122	0.0541	0.0646	0.0814
总效应	0.0199	0.0072	0.0425	– 0.0421	0.0076	0.0058	0.0119	0.0528	0.0766

资料来源：CHNS 数据。

　　综上所述，在不同国家的不同经济发展阶段，区域性经济发展差距都曾表现得相当明显，但是由于我国经济发展的特殊性，区域性经济发展差距在中国表现得尤为明显，已经严重影响到我国经济健康发展，区域性贫困差距也愈加明显，严重阻碍我国扎实推进共同富裕。我国东中西地区不仅区域间经济发展水平存在巨大差异，地区内经济发展差距也呈现分化状态，因此对于不同地区的防返贫政策不能一概而论，需要明确地区经济发展特征，进而制定相应的防返贫政策。本章利用完全分解型分解方法对 FGT 贫困指数进行分解，分析收入增长和收入分配对我国东中西部地区贫困的影响路径发现：

第一，我国农村收入增长不足以弥补收入不平等带来的贫困恶化效应。收入的增长效应依然能够降低贫困发生率，但已经很难降低贫困深度和贫困强度，甚至随着经济增长，贫困深度和贫困强度出现加深趋势；而收入的再分配恶贫效应依然明显，且呈现加深趋势，意味着收入增长已经很难弥补收入差距扩大带来的恶贫效应。单纯依靠经济增长或收入分配政策已经很难继续有效巩固拓展脱贫攻坚成果，因此探索新的防返贫路径是当前我国亟待解决的问题。

第二，收入增长与收入分配对我国东中西部地区贫困影响路径具有非一致性。东部地区具有良好的经济发展状态，增长效应能够有效降低贫困深度和贫困强度，而收入再分配的恶贫效应更侧重于贫困发生率，由此可知东部地区收入增长的减贫效应与收入分配的恶贫效应存在非对称性，收入增长效应很难弥补收入差距扩大带来的恶贫效应，因此单纯依靠经济增长已经很难继续有效巩固拓展东部地区的脱贫攻坚成果，必须在促进东部地区经济发展和分配公平的同时寻求新的防返贫路径。中部地区经济发展虽然落后于东部地区，但有其自身的经济发展方式，且低收入人群依然能够享受收入增长带来的好处，因此针对这一现状，中部地区在促进社会公平的同时依然可以通过经济增长巩固拓展脱贫攻坚成果。而针对西部地区，刺激其经济发展能够有效巩固拓展脱贫攻坚成果，但是面对西部地区经济发展缓慢这一现状，仅靠调节国民收入再分配减贫效果不明显，因此在西部地区应该以刺激经济发展为主，促进居民收入分配均衡为辅。同时，应在促进经济增长和调节居民收入分配公平之外，寻求新的防返贫路径，进一步巩固拓展脱贫攻坚成果，扎实推进共同富裕。

二、三维贫困分解方法的测度结果及分析

基于反事实收入指标构建，本章通过计算得到反事实收入结果（见表 3 – 12），为下文估计收入对贫困影响作用的增长效应、离散效应和异质效应奠定基础。在此基础上，本章将收入分布变迁因素引入贫困分解指数，进一步了解收入对贫困的作用效果。

表 3 – 12   反事实收入指标构建   单位：元

时期	基期收入 x_0 均值	x_0 标准差	反事实收入 ξ_1 均值	ξ_1 标准差	反事实收入 ξ_2 均值	ξ_2 标准差	报告期收入 x_1 均值	x_1 标准差
2006 ~ 2009 年	7984.48	10551.36	12038.03	10551.36	12038.03	15087.26	12038.03	15087.26
2009 ~ 2011 年	11730.21	14994.81	13673.92	14994.81	13673.92	17320.52	13673.92	17320.52
2011 ~ 2015 年	13584.89	13488.64	19799.31	13488.64	19799.31	28370.54	19799.31	28370.54

资料来源：CHNS 数据。

（一）中国农村贫困居民贫困分解结果

将收入分布变迁因素引入 FGT 贫困指数分解，结果如表 3 – 13 所示，其中 p 代表贫困指数，Δp 表示贫困指数变化，下角标 0、1 和 2 分别表示当贫困厌恶系数为 0、1 和 2 时的贫困指数。Δp_0 代表当贫困厌恶系数为 0 时，增长、离散和异质性效应分别对贫困发生率的贡献率，增长效应为负表示收入水平的提高能够降低贫困发生率，绝对值越大则减贫效果越好，反之则扩大贫困发生率；离散效应为负表示收入差距扩大会降低贫困发生率，绝对值越大则缩小贫困发生率速度越快，反之则加深贫困发生率；而异质性效应为负同样表示居民异质性能够降低贫困发生率，绝对值越大减贫效果越强，反之则扩大贫困发生率。Δp_1 代表

当贫困厌恶系数为 1 时，三效应分别对 FGT 指数变化的贡献率，即对贫困深度变化的贡献率，三效应为负则表示三效应分别会降低贫困深度，绝对值越大，能够越好地减轻贫困深度，反之则加深贫困深度。Δp_2 代表当贫困厌恶系数为 2 时，三效应分别对 FGT 指数变化的贡献率，即对贫困强度变化的贡献率，当三效应为负时会降低贫困强度，绝对值越大则降低贫困强度效果越好，反之则加大贫困强度。

表 3 - 13　　　　基于收入分布变迁效应国际贫困线 FGT 指数分解结果

贫困指数	时期								
	2006 ~ 2009 年			2009 ~ 2011 年			2011 ~ 2015 年		
	Δp_0	Δp_1	Δp_2	Δp_0	Δp_1	Δp_2	Δp_0	Δp_1	Δp_2
1.9 美元标准									
增长效应	- 0.1984	- 0.3907	- 0.2237	- 0.0946	- 0.4070	- 0.2831	- 0.1034	- 0.4344	- 0.2676
离散效应	0.3814	1.1909	1.8316	0.1867	0.7412	0.8925	0.4140	3.7916	19.3313
异质效应	- 0.2756	- 0.7101	- 1.5225	- 0.0816	- 0.3399	- 0.6156	- 0.3212	- 3.2684	- 18.9783
总效应	- 0.0926	0.0900	0.0854	0.0105	- 0.0057	- 0.0062	- 0.0106	0.0888	0.0855
3.2 美元标准									
增长效应	- 0.3647	- 0.4451	- 0.2625	- 0.1308	- 0.2209	- 0.2032	- 0.1755	- 0.4728	- 0.2979
离散效应	0.4668	0.9468	1.1416	0.2093	0.4470	0.5394	0.4496	2.4614	8.1124
异质效应	- 0.2598	- 0.4934	- 0.8557	- 0.0999	- 0.1737	- 0.2907	- 0.2855	- 1.9640	- 7.7808
总效应	- 0.1577	0.0083	0.0234	- 0.0214	0.0524	0.0455	- 0.0114	0.0246	0.0336

资料来源：CHNS 数据。

由表 3 – 13 可知，无论是在 1.9 美元还是在 3.2 美元国际贫困标准下，随着收入水平的提高，增长效应均降低了贫困发生率，但下降幅度逐年减弱，分别下降了 0.48 和 0.51；而增长效应在降低贫困深度和贫困强度的过程中，其减贫效应呈上升趋势，分别上升了 0.12、0.20 和 0.06、0.14，意味着收入的增长效应仍具有减贫效果并且减贫效应整体存在略上升趋势，说明提高收入能够在一定程度上巩固拓展脱贫攻坚成果。但是随着收入水平及分布的不断变化，收入的减贫总效应出现下降趋势，并且出现返贫倾向，由此可知在收入提高的同时其他因素阻碍了贫困的降低。随着收入差距不断拉大，离散效应加深了贫困发生率、贫困深度和贫困强度，且加深幅度呈现上升趋势，在 1.9 美元和 3.2 美元标准下分别上升了 0.09、2.22、9.78 和 – 0.03、1.60、6.11，同时收入分配不平等对于贫困深度和贫困强度的加深幅度高于贫困发生率，意味着随着收入差距不断拉大，离散效应进一步恶化贫困程度，减弱减贫效果，说明缩小收入差距能够有效降低贫困，但是缩小居民收入差距政策效果并不显著。而居民异质性因素则具有显著的减贫效应，并且降低贫困深度和贫困强度作用尤其显著，在 1.9 美元和 3.2 美元标准下降低贫困幅度分别高达 0.19、3.62、11.65 和 0.10、2.98、8.09，可以看出异质性减贫效果明显高于收入增长减贫效应，意味着收入的残差带来的异质性效应减贫作用逐渐占据重要地位，说明异质性因素（如受教育水平、健康状况、家庭成员数、外出务工情况等）在减贫进程中将起到关键作用。而收入减贫的总效应由负转正，意味着农村居民存在返贫特征，因此为了进一步巩固拓展脱贫攻坚成果，应在缩小我国农村居民收入差距的同时提升我国农村居民个体素质，逐渐弱化政府转移性支出的作用，增强农村居民内生增长动力，促进其收入持续稳定增长，扎实推进共同富裕。

由表 3 – 13 可知，收入增长效应降低贫困发生率、贫困深度和贫困强度的效果差别不大，意味着提高收入水平能够普遍降低贫困，但针对性不强；而收入差距拉大对于贫困深度和贫困强度的加深幅度明显高于贫困发生率，意味着收入差距拉大更多地加深了贫困的顽固程度；居民异质性对降低居民贫困深度和贫困强度的作用效果明显好于贫困发生率，意味着居民异质性能够更好地降低贫困的顽固程度，说明收入增长在降低整体贫困中具有显著作用，而异质性则在降低贫困深度和强度中的作用更显著，因此异质性效应能够更好地弥补收入差距拉大带来的贫困问题。除此之外，表 3 - 13 贫困指数分解结果表明，收入增长减贫作用不足以弥补收入差距扩大带来的贫困加深效应，而异质性减贫效应逐渐起到关键性作用。因此要构建巩固拓展脱贫攻坚成果的长效机制，应在提高居民收入的同时加强农村人力资本积累，提升农村居民教育水平及加强各项能力的培训，结合产业扶贫，探寻出适合农村发展的防返贫机制，进一步推进共同富裕。

同时表 3 - 14 和表 3 - 8 对采用 2010 年农村贫困标准测算的 2015 年农村贫困线每人每年 2855 元进行实证分解，分别对引入收入分布变迁因素的 FGT 贫困指数和完全分解型贫困指数进行分解。结果表明，采用国内贫困线标准各效应对贫困影响变化趋势与国际贫困线一致，说明贫困线的选取对贫困分解结果影响不大，引入收入分布变迁因素的贫困指数分解具有稳健性。

表 3 - 14　　　基于收入分布变迁效应国内贫困线 FGT 指数分解结果

项目	时期								
	2006 ~ 2009 年			2009 ~ 2011 年			2011 ~ 2015 年		
	Δp_0	Δp_1	Δp_2	Δp_0	Δp_1	Δp_2	Δp_0	Δp_1	Δp_2
增长效应	- 0.2824	- 0.4129	- 0.2363	- 0.1143	- 0.2897	- 0.2412	- 0.1333	- 0.4696	- 0.2912
离散效应	0.4211	1.0477	1.4070	0.2032	0.5587	0.6764	0.4303	3.0125	12.1740
异质效应	- 0.2707	- 0.5847	- 1.1122	- 0.0951	- 0.2232	- 0.4015	- 0.3005	- 2.5255	- 11.8465
总效应	- 0.1319	0.0501	0.0585	- 0.0061	0.0458	0.0336	- 0.0035	0.0174	0.0362

资料来源：CHNS 数据。

（二）区域性视角下贫困居民贫困分解结果

将收入分布变迁因素引入贫困指数分解可知，收入增长的减贫效应逐渐减弱，但异质性减贫效应逐渐增强，并逐渐成为减贫的关键性因素。为了进一步检验引入收入分布变迁因素的贫困分解方法的稳健性，本章将从区域视角验证居民异质性减贫效应的作用效果。从表 3 - 15 可知，对于东部地区，收入增长效应能够降低居民贫困，但是随着收入水平的提高，增长效应降低贫困深度和贫困强度呈上升趋势，而降低贫困发生率效应呈略微下降趋势；离散效应均大于 0，收入分配不平等加深了东部地区居民贫困，且贫困深度和强度恶化效应明显高于贫困发生率，意味着随着收入差距拉大，居民贫困深度和贫困强度上升趋势明显高于贫困发生率；异质性效应则具有显著的减贫效果，且降低贫困深度和强度效应明显高于贫困发生率，意味着居民异质性效应更侧重于降低贫困深度和强度。这说明在收入分布动态变化背景下，收入水平提高的减贫效应很难弥补收入差距扩大带来的恶贫效应，而异质性效应则能够显著降低居民贫困，尤其是贫困深度和强度，因此提高东部地区居民受教育程度、家庭环境等异质性因素能够有效巩固拓展脱贫攻坚成果。

表 3 - 15　　　1.9 美元国际贫困线下 2006~2015 年贫困分解变化趋势

项目	东部			中部			西部		
	P_0	P_1	P_2	P_0	P_1	P_2	P_0	P_1	P_2
2006~2009 年									
增长效应	-0.1099	-0.3792	-0.2037	-0.1985	-0.4281	-0.2668	-0.2070	-0.4052	-0.2424
离散效应	0.2067	0.8144	0.8570	0.0806	0.3446	0.1661	0.2296	0.8093	0.9657
异质效应	-0.1522	-0.2607	-0.4839	0.0322	0.1321	0.1360	-0.1197	-0.3368	-0.6487
总效应	-0.0554	0.1744	0.1693	-0.0857	0.0486	0.0353	-0.0972	0.0673	0.0745

续表

项目	东部			中部			西部		
	P_0	P_1	P_2	P_0	P_1	P_2	P_0	P_1	P_2
2009~2011年									
增长效应	-0.0490	-0.5432	-0.3614	-0.0910	-0.3889	-0.2828	-0.1145	-0.4612	-0.3064
离散效应	0.0490	0.6138	0.4666	-0.0102	-0.0731	-0.0068	0.2461	1.2067	2.0722
异质效应	0.0100	-0.1800	-0.2038	0.1195	0.4787	0.3068	-0.1329	-0.7417	-1.7838
总效应	0.0100	-0.1094	-0.0986	0.0183	0.0167	0.0172	-0.0013	0.0038	-0.0179
2011~2015年									
增长效应	-0.0547	-0.4080	-0.2286	-0.1209	-0.4829	-0.3115	-0.1007	-0.4575	-0.2842
离散效应	0.1839	2.7596	10.4821	0.2673	2.7919	10.1998	0.1778	1.2504	2.1575
异质效应	-0.1223	-2.2454	-10.1313	-0.1814	-2.2873	-9.8778	-0.0696	-0.6801	-1.7520
总效应	0.0070	0.1062	0.1222	-0.0351	0.0216	0.0105	0.0074	0.1127	0.1213

资料来源：CHNS 数据。

对于中部地区，增长效应依然能够降低贫困，且减贫效应呈上升趋势，意味着提高中部地区居民收入依然能够有效降低贫困；而中部地区居民收入分配不平等严重恶化其贫困，并且恶化效应呈现加深趋势；异质性效应则由正转负，即由恶化贫困趋势转向缓解贫困，并且减贫幅度明显上升，意味着异质性效应降低贫困效果愈发显著。这说明在收入分布动态变化背景下，提高中部地区居民收入水平依然能够降低贫困，且减贫效果显著，但是收入水平的提高依然无法弥补收入差距扩大带来的贫困问题，而异质性因素在减贫进程中的作用愈发重要，因此在提高中部地区居民收入的同时增强其人力资本积累能够有效巩固拓展中部地区脱贫攻坚成果。

对于西部地区，增长效应依然能够降低贫困，且增长效应降低贫困深度和贫困强度效果较好，意味着提高居民收入能够有效缓解贫困；离散效应为正数，随着收入分配不平等程度加深，贫困深度和贫困强度呈现恶化趋势，贫困发生率则呈现略下降趋势，说明居民收入差距扩大严重恶化贫困深度和强度，且恶化程度远高于增长效应减贫效果，意味着缩小居民收入差距能够有效降低贫困；异质性效应减贫效应明显高于增长效应，意味着异质性效应在减贫进程中起到越来越重要的作用，且异质性效应主要缓解了贫困深度和贫困强度，说明提高西部地区居民收入虽然能够降低居民贫困，但是减贫效果已不足以弥补收入差距扩大带来的恶贫效应，而异质性效应在减贫进程中的作用愈加突出，因此提升西部地区居民受教育程度等异质性因素积累，能够有效巩固拓展西部地区脱贫攻坚成果。

同时，对东中西部居民贫困分解结果的对比表明，对于贫困发生率，增长效应降低贫困发生率的速度东部地区明显低于中西部地区，离散效应的恶贫效应是中部地区明显高于东西部地区，而异质性效应减贫幅度东中部地区显著高于西部地区。对于贫困深度，增长效应减贫速度东部地区低于中西部地区，离散效应东中部地区恶贫程度明显高于西部地区，而异质性减贫效应东中部地区同样明显高于西部地区。对于贫困强度，中部地区增长效应减贫效果明显高于东西部地区，东中部地区离散效应的恶贫幅度明显高于西部地区，而异质性减贫效应东中部地区同样显著高于西部地区。以上区域对比结果表明，异质性效应对于东中部地区减贫具有显著作用，且在降低贫困深度和贫困强度方面作用尤其明显；增长效应对中西部地区减贫具有显著作用，且减贫效果明显低于异质性效应，意味着针对东部地区防返贫政策应更倾向于提高居民受教育程度和健康状况等异质性特征，对于中部地区居民应在提升其收入水平的同时加强受教育程度等个体素质的培养，而对于西部地区防返贫政策重点应首先关注经济增长和缩小收入差距，同时注重居民人口素质的提升。由上述分解结果可以看出，区域视角下引入收入分布变迁因素的贫困分解结果与中国农村居民贫困分解结果减贫效应具有一致性，意味着引入收入分布变迁因素的三维贫困分解方法具有稳健性，但在不同区域，增长效应、离散效应和异质效应对地区贫困问题作用机制不一致，因此针对不同区域应根据地区经济发展状况制定差异性防返贫政策。

同时，本章分别采用上文使用的每人每天 3.2 美元国际贫困标准和 2010 年国内贫困标准，进一步分析了中国东中西部地区居民收入分布变迁对贫困的影响效应，结果如表 3 – 16 和表 3 – 17 所示。从三种贫困标准的对比结果可以看出，贫困线的选取对引入收入分布变迁因素的贫困分解结果影响不大，进一步验证了引入收入分布变迁因素的贫困指数分解结果具有稳健性。

表 3 – 16　　　　　3.2 美元国际贫困线下 2006～2015 年贫困分解变化趋势

项目	东部			中部			西部		
	P_0	P_1	P_2	P_0	P_1	P_2	P_0	P_1	P_2
2006～2009 年									
增长效应	-0.2157	-0.4389	-0.2481	-0.3546	-0.4612	-0.2853	-0.3930	-0.4359	-0.2614
离散效应	0.2843	0.6978	0.6386	0.1963	0.3588	0.1879	0.3183	0.6989	0.6625
异质效应	-0.1794	-0.2100	-0.3162	0.0227	0.0941	0.0977	-0.0972	-0.2504	-0.3818
总效应	-0.1109	0.0489	0.0742	-0.1355	-0.0082	0.0004	-0.1718	0.0126	0.0193

续表

项目	东部			中部			西部		
	P_0	P_1	P_2	P_0	P_1	P_2	P_0	P_1	P_2
2009～2011 年									
增长效应	-0.0681	-0.2924	-0.2591	-0.1195	-0.2255	-0.2070	-0.1671	-0.2584	-0.2299
离散效应	0.0590	0.3379	0.3197	-0.0434	-0.0890	-0.0440	0.2697	0.6988	1.0596
异质效应	0.0136	-0.0424	-0.0722	0.1453	0.3936	0.3241	-0.1408	-0.4014	-0.7944
总效应	0.0045	0.0031	-0.0116	-0.0177	0.0791	0.0731	-0.0382	0.0390	0.0353
2011～2015 年									
增长效应	-0.0964	-0.4521	-0.2727	-0.1884	-0.5182	-0.3456	-0.1852	-0.4565	-0.2882
离散效应	0.2117	1.8041	4.5158	0.3024	1.8487	4.5215	0.2370	0.9179	1.1626
异质效应	-0.1083	-1.2835	-4.1681	-0.1630	-1.3360	-4.1790	-0.0504	-0.3988	-0.8013
总效应	0.0070	0.0686	0.0749	-0.0491	-0.0055	-0.0031	0.0015	0.0626	0.0731

资料来源：CHNS 数据。

表 3-17　　国内贫困线下 2006～2015 年贫困分解变化趋势

项目	东部			中部			西部		
	P_0	P_1	P_2	P_0	P_1	P_2	P_0	P_1	P_2
2006～2009 年									
增长效应	-0.1744	-0.3778	-0.2040	-0.2711	-0.4450	-0.2735	-0.2915	-0.4255	-0.2507

续表

项目	东部			中部			西部		
	P_0	P_1	P_2	P_0	P_1	P_2	P_0	P_1	P_2
离散效应	0.2349	0.7707	0.7502	0.1238	0.3671	0.1877	0.2775	0.7265	0.7564
异质效应	−0.1542	−0.2856	−0.4243	0.0344	0.1015	0.1079	−0.1113	−0.2902	−0.4773
总效应	−0.0938	0.1074	0.1220	−0.1128	0.0237	0.0221	−0.1254	0.0108	0.0285
2009~2011 年									
增长效应	−0.0627	−0.3811	−0.3038	−0.1086	−0.2810	−0.2413	−0.1474	−0.3457	−0.2615
离散效应	0.0563	0.4533	0.3949	−0.0292	−0.1512	−0.0392	0.2632	0.9212	1.4364
异质效应	0.0100	−0.0757	−0.1195	0.1412	0.4881	0.3325	−0.1421	−0.5203	−1.1399
总效应	0.0036	−0.0035	−0.0284	0.0034	0.0559	0.0520	−0.0263	0.0552	0.0350
2011~2015 年									
增长效应	−0.0696	−0.4604	−0.2699	−0.1516	−0.5067	−0.3328	−0.1348	−0.4714	−0.2953
离散效应	0.1948	2.2176	6.7424	0.2848	2.2281	6.5610	0.2119	1.0184	1.4820
异质效应	−0.1054	−1.7499	−6.4300	−0.1753	−1.7137	−6.2223	−0.0652	−0.4942	−1.1101
总效应	0.0199	0.0072	0.0425	−0.0421	0.0076	0.0058	0.0119	0.0528	0.0766

资料来源：CHNS 数据。

三、两种贫困分解方法的对比分析

由表 3 - 18 可以看出，在完全分解型贫困分解方法下，虽然增长效应对于贫困发生率降低的贡献率呈现下降趋势，但是截至 2015 年其贡献率依然高达 50% 以上，而增长效应改善贫困深度和贫困强度的贡献率则相对较低，并且在国际贫困标准下呈现下降趋势，而在国内贫困标准下其贡献率呈现上升趋势；再分配效应恶化贫困发生率的贡献率虽然也呈现上升趋势，但是其恶贫效应略低于增长效应的贡献率，说明增长效应暂时能够弥补收入差距扩大带来的贫困发生率恶化效应，然而再分配效应恶化贫困深度和贫困强度的贡献率亦呈现上升趋势，并且其贡献率明显高于收入增长效应的减贫贡献率，意味着收入增长的减贫效应已经很难弥补收入差距扩大带来的贫困深度和贫困强度的恶化效应。

表 3 - 18　　　　　　完全分解型贫困分解各效应贡献率　　　　单位：%

贫困标准		年份								
		2006 ~ 2009 年			2009 ~ 2011 年			2011 ~ 2015 年		
		P_0	P_1	P_2	P_0	P_1	P_2	P_0	P_1	P_2
1.9 美元	增长	92.66	26.22	22.46	38.10	66.67	78.70	56.85	15.41	15.09
	分配	7.34	73.78	77.54	61.90	33.33	21.30	43.15	84.59	84.91
3.2 美元	增长	84.97	42.44	28.96	69.45	11.07	8.79	55.10	30.90	24.66
	分配	15.03	57.56	71.04	30.55	88.93	91.21	44.90	69.10	75.34
2300 元	增长	85.29	7.90	1.88	55.88	20.74	16.07	51.84	35.58	20.81
	分配	14.71	92.10	98.12	44.12	79.26	83.93	48.16	64.42	79.19

资料来源：CHNS 数据。

同时，由表 3 - 19 可以看出，收入的增长效应对贫困发生率降低的贡献率逐年下降，其在减贫进程中的作用逐渐降低，到 2015 年下降至 15% 左右，而离散效应和异质性效应则呈现上升趋势，其贡献率分别达到 50% 和 35% 左右，意味着收入分配和居民异质性在减贫进程中占据越来越重要的地位；而对于贫困深度和贫困强度，增长效应的减贫贡献率也呈现下降趋势，并且到 2015 年分别下降至 7% 和 1% 左右，意味着增长效应减贫作用逐渐不明显，离散效应对于贫困深度和贫困强度的贡献率基本保持在 50% 左右，但是异质性效应对于贫困深度和贫困强度的贡献率呈现非常显著的上升趋势，到 2015 年其贡献率分别达到 43% 和 49% 左右，意味着异质性在防返贫中占据越来越重要的地位，在后扶贫时代，异质性减贫效应将成为巩固拓展脱贫攻坚成果的新机制。

对完全分解型和引入收入分布变迁的贫困分解结果的对比表明，忽略异质性效应，会降低再分配效应对贫困发生率、贫困深度和贫困强度作用的精确性，并强化增长效应减贫效果，同时扩大收入分配不平等对贫困的影响作用，进而阻碍我国农村居民减贫进程。引入收入分布变迁因素的贫困指数分解较完全分解型贫困指数分解将再分配效应拆分成离散效应和异质性效应分别进行分析，其结果更细致，更具有经济学含义，既能表现出收入差距扩大对贫困的影响程度，也能体现出由收入的偏度等高阶矩变化引起的居民异质性对贫困的作用效果，在巩固拓展脱贫攻坚成果中更具有实际意义。

表 3 - 19 　　　　　引入收入分布变迁的贫困分解各效应贡献率　　　　单位: %

贫困标准		年份								
		2006 ~ 2009 年			2009 ~ 2011 年			2011 ~ 2015 年		
		P_0	P_1	P_2	P_0	P_1	P_2	P_0	P_1	P_2
1.9 美元	增长	23.19	17.05	6.25	26.07	27.35	15.81	12.33	5.80	0.69
	离散	44.59	51.97	51.19	51.45	49.81	49.83	49.37	50.59	50.11
	异质	32.22	30.99	42.55	22.49	22.84	34.37	38.30	43.61	49.20
3.2 美元	增长	33.42	23.61	11.62	29.73	26.25	19.67	19.27	9.65	1.84
	离散	42.77	50.22	50.52	47.57	53.11	52.20	49.37	50.25	50.10
	异质	23.81	26.17	37.87	22.70	20.64	28.13	31.35	40.10	48.06

续表

贫困标准		年份								
		2006~2009 年			2009~2011 年			2011~2015 年		
		P_0	P_1	P_2	P_0	P_1	P_2	P_0	P_1	P_2
2300 元	增长	28.99	20.19	8.58	27.70	27.03	18.29	15.43	7.82	1.20
	离散	43.23	51.22	51.06	49.25	52.14	51.28	49.80	50.14	50.07
	异质	27.79	28.59	40.36	23.05	20.83	30.44	34.78	42.04	48.73

资料来源：CHNS 数据。

第五节　本章小结

　　我国已于 2020 年完成绝对贫困标准下的全面脱贫任务，但是脱贫人口脆弱性明显，低收入群体存在返贫趋势，且低收入群体很难享受经济增长带来的好处，因此在收入水平提高伴随着收入差距拉大背景下如何促进低收入群体增收成为巩固拓展脱贫攻坚成果的关键。提升我国低收入群体居民个体素质，实现农村居民人力资本积累，提升内生增长动力，将有效提升农村低收入人口的增收能力。单纯地依靠政府补助提升低收入居民收入很有可能形成"福利陷阱"，出现"假脱贫"。因此本章利用反事实分析法构建代表收入分布变迁的均值变化、方差变化和残差变化的动态计量指标，并将其引入 FGT 贫困指数收入项进行分解，形成包含增长效应、离散效应和异质效应的三维贫困分解框架。对收入分布变迁视角下三维贫困分解方法的测度与检验结果如下：

　　第一，完全分解型贫困指数分解仅从收入水平提高和收入差距扩大两个维度分解贫困，忽略了异质性因素对贫困的作用，本章在原有的二维贫困指数分解基础上引入异质性因素从三个维度度量了收入对贫困的影响效应。研究结果表明，引入收入分布变迁因素的贫困分解结果具有稳健型，并发现异质性效应能够降低贫困发生率、贫困深度和贫困强度，其减贫效应呈现上升趋势，并进一步弥补收入差距拉大带来的恶贫效应，说明引入异质性因素的贫困指数分解在巩固拓展脱贫攻坚成果中更具有现实意义。

第二，收入增长效应依然具有减贫作用，收入提高能够降低中国农村贫困，但是减贫作用效果较小，而收入离散效应主要作用于贫困深度和贫困强度，直接恶化贫困的顽固程度，因此收入增长的减贫效应很难弥补收入差距扩大的恶贫效应。而异质性主要降低贫困深度和贫困强度，能够显著降低贫困顽固程度，因此提高农村居民收入的同时加强人力资本积累能够更好地巩固拓展脱贫攻坚成果，扎实推进共同富裕。

第三，区域视角下贫困分解与农村居民贫困分解具有一致性，引入收入分布变迁因素的贫困分解结果具有稳健性，但东中西部地区居民脱贫效应并不一致。东部地区增长效应减贫效果逐渐下降，而在收入差距拉大恶化贫困问题背景下，异质性效应减贫效果愈加显著，因此应着重提升东部地区居民人口素质，进一步降低巩固拓展东部地区脱贫攻坚成果。中部地区增长效应和异质性效应减贫效果依然呈现上升趋势，意味着提升中西部地区居民收入依然具有显著的减贫效应，同时提升人口素质能够有效巩固拓展中西部地区脱贫攻坚成果。

因此，为了更有效地巩固拓展脱贫攻坚成果，在提升中国农村居民收入的同时，除缩小收入差距外，应重点提升农村居民人力资本积累，提高居民个体素质，增强其内生增长动力。

第四章

三维贫困分解指标及其测度方法的稳健性检验

改革开放以来，我国经济迅速增长，居民生活水平大幅度提升，《中国统计年鉴》数据显示，我国 GDP 由 1978 年的 3678 亿元增长到 2019 年的 990865 亿元，GDP 总量居世界第二位。虽然近年来经济增速放缓，但是居民收入依然有较大提升，居民生活水平日渐提高。我国已于 2020 年完成全面脱贫任务。但是依然有部分脱贫人口存在返贫风险。贫困是一个世界性难题，是一个永恒的课题。本书在收入分布变迁贫困分解的基础上进一步实证研究收入增长、收入分配和异质性对贫困的影响效应，旨在进一步巩固拓展脱贫攻坚成果。

根据已有文献可知，收入直接影响居民贫困，但是收入分布动态变迁对贫困的影响效应不一致。以往研究表明收入水平的提高会直接降低居民贫困，但收入增长的减贫效应呈现下降趋势；而收入不平等的扩大则会加剧贫困的发生，收入的残差变化（异质性）同样会影响贫困变化，但是以往研究主要从定性视角研究异质性对贫困的影响，很少从定量视角具体研究异质性对贫困的影响效应。所以本书从收入分布变迁视角，引入异质性因素，进一步实证分析异质性对贫困的作用深度。第三章将异质性引入贫困指数分解框架，从统计学视角研究异质性对贫困的影响效应，发现异质性在巩固拓展脱贫攻坚成果中起到越来越重要的作用，而本章在第三章的基础上进一步采用计量方法实证检验异质性对贫困的作用效果。

第一节 收入分布变迁的拟合

在进行收入分布变迁的减贫效应计量分析之前，我们首先要进行收入分布的拟合与测度，并在此基础上利用反事实分析法构建收入分布变迁各效应，最后实证分析收入分布变迁各效应的减贫效果。

一、收入分布拟合的非参数方法

收入分布拟合的方法主要有参数法和非参数法，而本章主要采取非参数核密度估计法进行收入分布拟合与测算，并利用样本收入估计总体居民收入分布变迁和贫困状态。

（一）非参数核密度估计的概念

非参数核密度估计法起源于直方图，最初的非参数估计即为直方图。假设 X 为总体，X_1，X_2，X_3，$\cdots$，X_n 是来自总体的样本，而 x_1，x_2，x_3，$\cdots$，x_n 是样本的观测值，则密度函数如式（4.1）所示：

$$\hat{f}_n(x) = \begin{cases} \dfrac{f_i}{h_i} = \dfrac{n_i}{nh_i}, & x \in I_i, \ i = 1, \ 2, \ 3, \ \cdots, \ k \\ 0, & x \notin I = U(I_i) \end{cases} \qquad (4.1)$$

式中，$\hat{f}_n(x)$ 是经验密度函数，一般可以作为对应频率直方图的核密度估计方法。h_i 是带宽，代表的是区间宽度，密度函数的形状主要由带宽决定。由经验密度函数的定义可以看出，若 x 附近样本点较多则密度值较大，若样本点较稀则密度值较小。可以看出 $\hat{f}_n(x)$ 函数满足这一点，但是其密度值的大小还依赖于带宽，并且在每一个带宽内，$\hat{f}_n(x)$ 是常数，因此 $\hat{f}_n(x)$ 是不连续的函数。为了完善密度函数依赖于区间这一缺点，帕赞（Parzen，1962）提出邻域函数（Parzen 窗函数），即将 x 点作为中心，选取 $\frac{h}{2}$ 作为半径邻域，邻域会随着 x 的变动而变动，因此用邻域内的样本点估计密度值就可以克服依赖区间这一缺陷。具体公式如式（4.2）所示：

$$H(u) = 1, \ |u| \leqslant \frac{1}{2} \tag{4.2}$$

即当第 i 个样本点落入 x 的邻域内时，H = 1，反之则为 0，因此简单的概率密度函数形式如式（4.3）所示：

$$\hat{f}_n(x) = \frac{1}{nh} \sum_{i=1}^{n} H\left(\frac{x - x_i}{h}\right) \tag{4.3}$$

由于邻域函数中所有邻域内的样本点对于 x 处密度值大小的估计贡献都是一样的，但是事实上越临近 x 的样本点贡献值应该越大，基于这一考虑，进一步改善 Parzen 窗函数，因此核密度估计的定义为：

假设 X 为总体，X_1，X_2，X_3，…，X_n 是来自总体的样本，在任意 x 点的总体密度函数的核密度估计形式如下：

$$\hat{f}_n(x) = \frac{1}{nh} \sum_{i=1}^{n} K\left(\frac{x - X_i}{h}\right) \tag{4.4}$$

式（4.4）中，K（·）即为核函数，带宽是 h。核密度函数主要由带宽和核函数决定，即以 x 为中心的样本点的核平均，该 $\hat{f}_n(x)$ 估计利用了 x_i 距离 x 远近的不同来确定样本点对核密度函数做出的贡献。其中，为了保障估计的合理性，K（·）应满足以下条件：

$$K(x) \geqslant 0, \int_{-\infty}^{+\infty} K(x) dx = 1$$

事实上就是将 K（·）作为一个分布的密度函数来看，如式（4.5）所示：

$$\int \hat{f}_n(x) dx = \int \frac{1}{nh} \sum_{i=1}^{n} K\left(\frac{x - X_i}{h}\right) dx = \frac{1}{n} \sum_{i=1}^{n} \int K\left(\frac{x - X_i}{h}\right) d\left(\frac{x - X_i}{h}\right)$$

$$= \frac{1}{n} \sum_{i=1}^{n} \int K(u) d(u) = \frac{1}{n} \cdot n = 1 \tag{4.5}$$

(二) 核密度估计的带宽选择和核函数

核密度估计中主要的核函数表达式如表 4 – 1 所示。在测度收入分布核密度函数时，带宽和核函数的选择至关重要，因此选择合理的核函数对于拟合收入分布至关重要。有学者认为 Epanechnikov 核是最优选择 (Colin，1997)，还有学者认为随机加权的核密度思想更优秀 (薛留根等，2001；李玉忍等，2008)，更多的学者则依据数据选取最优核函数 (许建华，2002；吴涛等，2003)。而艾哈迈德 (Ahmad，2004) 研究表明，只要样本量足够大，得到的核密度估计结果就足够可靠，与选取的核函数关系并不大。但是带宽的选择则会对核密度估计结果产生巨大影响。

表 4 – 1 核函数及表达式

核函数	表达式
Uniform	$\frac{1}{2}I(\|u\|\leqslant 1)$
Triangle	$(1 - \|u\|)I(\|u\|\leqslant 1)$
Epanechnikov	$\frac{3}{4}(1 - u^2)I(\|u\|\leqslant 1)$
Quaritic	$\frac{15}{16}(1 - u^2)^2 I(\|u\|\leqslant 1)$
Triweight	$\frac{35}{32}(1 - u^2)^3 I(\|u\|\leqslant 1)$
Gaussian	$\frac{1}{\sqrt{2\pi}}exp\left(-\frac{1}{2}u^2\right)$
Cosinus	$\frac{\pi}{4}cos\left(\frac{\pi}{2}u\right)I(\|u\|\leqslant 1)$

注：I(·) 是 0 – 1 示性函数。

由于距离点 x 的远近影响样本点 x_i 对于密度函数值的贡献度，因此合理的带宽选择至关重要。当密度函数波动较大（highly variable）时，如果选用较大的带宽，即更大的领域，将带来更大的偏差，因此最优带宽较小。而选择最优带宽时，主要从真实密度函数和估计密度的误差入手，误差越小则带宽越优，该方法即为插入带宽法：

$$\text{MISE}(\hat{f}_h) = E\left\{\int\left[\hat{f}_h(x) - f(x)\right]^2 dx\right\} \tag{4.6}$$

式（4.6）中，MISE 为积分均方误差，$\hat{f}_h(x)$ 为估计的密度函数，$f(x)$ 为真实的密度函数，只要求出 MISE 的最小值即可得到最优带宽。为了进一步求出最优带宽，首先要确定大样本下 MISE 的渐进形式，核函数应满足以下几个条件：

（1）$K(x)$ 取值范围处于 $[-1, 1]$，是对称函数。

（2）$\int K(x)dx = 1$，核函数是密度函数。

（3）$\int xK(x)dx = 0$。

（4）$\int x^2 K(x)dx = \sigma_k^2 > 0$。

当 h→0，nh→∞时，

$$\text{MISE}(\hat{f}_h) \approx \frac{1}{4}\sigma_k^4 h^4 \int\left[f''(x)\right]^2 dx + \frac{1}{nh}\int\left[K(x)\right]^2 dx$$

MISE 的最小值求解：

$$\hat{h} = \left\{\frac{\int\left[K(x)\right]^2 dx}{\sigma_k^4 \int\left[f''(x)\right]^2 dx}\right\}^{\frac{1}{5}} n^{-\frac{1}{5}}$$

因此当总体服从正态分布时，核函数服从 Gaussian 核函数，最优带宽为：

$$\hat{h} = \left\{\frac{3}{4}\right\}^{\frac{1}{5}} \sigma n^{-\frac{1}{5}} = 1.06\sigma n^{-\frac{1}{5}}$$

式中，σ 为方差，可用样本方差为 S。

二、收入分布拟合的结果与分析

该部分采用的是 CHNS 微观大样本数据，主要采用 1989～2015 年的数据进行拟合，这些数据均以 2015 年不变价进行处理。由图 4-1 可以看出，1989～2015 年中国居民收入分布变迁具有以下几个特征：首先，收入分布曲线逐年向右移动，表明近些年我国居民收入水平整体呈现提升趋势；其次，收入分布曲线逐年趋缓，波峰逐年下降，表明我国居民收入差距逐渐扩大；最后，收入分布曲线两端呈现加厚趋势，且右端加厚程度明显高于左端，一方面说明低收入群体增加，中国居民呈现返贫趋势，另一方面说明中国高收入人群增加，且高收入群体增加趋势明显高于低收入群体。本章在此基础上，进一步拟合低收入群体的收入分布动态变迁趋势。

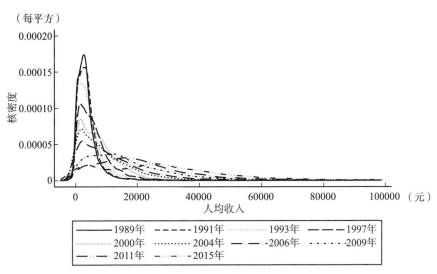

图 4-1 CHNS 数据的收入核密度拟合结果

在全国居民收入分布变迁拟合基础上，进一步对我国低收入居民收入分布变迁进行拟合，如图 4-2 所示。图 4-2 中从左至右的垂直线分别是 1990 年、2000 年、2011 年以及 2015 年贫困线，且收入和贫困线标准均按照第三章平减方法进行数据平滑。由图 4 - 2 可以看出，在低收入群体中，收入水平低于 1990 年贫困线的居民收入确实呈现逐年上升趋势，但是随着贫困标准的提高，低收入组群居民密度逐年增加，开始出现返贫特征。尤其在按 2010 年农村贫困标准折算的 2015 年贫困线下，低收入组群居民密度大幅度上升，返贫趋势明显。因此，如何进一步巩固拓展脱贫攻坚成果并防止其返贫成为当前工作的重点。基于此，本章采用计量方法深入探析贫困的形成机制及原因，并针对具体问题提出相应的政策建议。

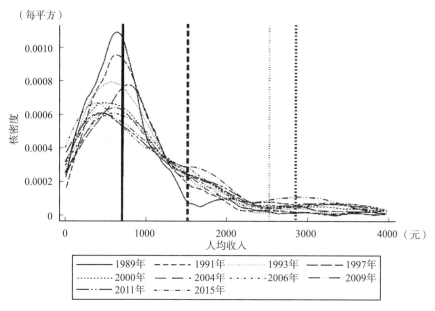

图 4 - 2　CHNS 数据低收入组的核密度拟合结果

为了进一步验证我国居民收入分布变迁的动态演变趋势，本章选取家庭追踪调查微观大数据（CFPS）利用核密度估计法再次拟合我国居民收入动态变化特征。由图 4 - 3 可以看出，我国居民收入分布存在以下几点动态变化特征：首先，收入分布曲线整体向右移，说明我国居民收入整体呈现上升趋势，居民收入水平提高；其次，收入分布曲线两端呈现加厚特征，说明中国高收入和低收入群体增加，收入差距呈现扩大趋势；最后，低收入群体呈现增加趋势，说明低收入居民存在返贫态势。以上结果与 CHNS 数据拟合相吻合，意味着本章利用核密度估计的收入分布变迁拟合结果具有稳健性。

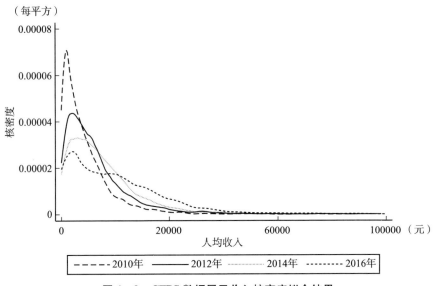

图 4 - 3　CFPS 数据居民收入核密度拟合结果

第三章已经利用反事实分析法构建收入分布变迁变量，并将其引入 FGT 贫困指数分解模型中，形成了由收入增长、分配和异质性构成的三维贫困分解框架。本章在此基础上利用非参数方法进一步拟合整体收入分布动态变迁曲线和各效应变动下的收入分布变迁曲线。从图 4 - 4 中可以看出 2006～2009 年、2009～2011 年以及 2011～2015 年三个阶段的居民收入分布密度变化，横轴代表收入水平值，纵轴表示密度值，即各个阶段随着收入水平变动与之对应的人口密度的变动。可以看出，2006～2015 年中国低收入和高收入居民人口密度呈现上升趋势，且在 2009～2011 年和 2011～2015 年两个阶段出现返贫特征，说明在中国居民收入水平

上升的同时伴随着收入差距的拉大，同时低收入群体出现返贫态势，这
与之前的拟合结果一致。

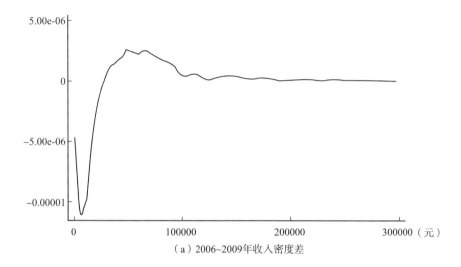

（a）2006~2009年收入密度差

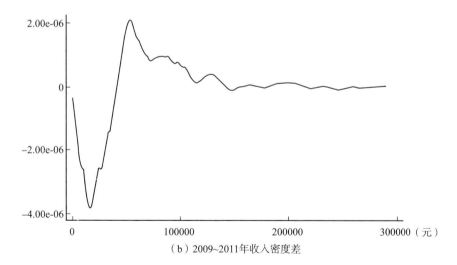

（b）2009~2011年收入密度差

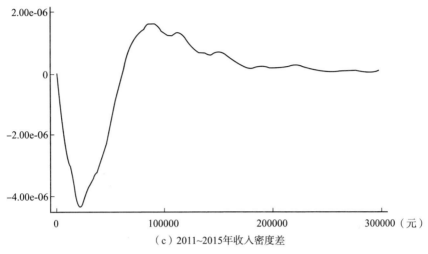

（c）2011~2015年收入密度差

图 4 - 4　2006 ~ 2015 年收入核密度差

　　基于收入分布变迁分解，本章进一步拟合均值、方差和残差变化的变迁趋势，结果如图 4 - 5 所示。本章基于贾金斯和范克姆（Jenkins and Van Kerm，2005）的反事实分解方法，估算了 CHNS 数据 2006 ~ 2015 年农村居民人均净收入的非参数核密度分解。图 4 - 5 是概率密度曲线的形式，对根据 CHNS 数据的反事实收入变量构造的均值变化、方差变化和残差变化进行拟合（以 2009 ~ 2011 年变化为例）。从结果可以看出，均值变化依然起到主导作用，方差变化和残差变化几乎对等。此外，均值变化和残差变化使收入呈现正向变化，而方差变化则使收入呈现负向变化。在均值、方差和残差变化共同作用下，收入密度波峰逐渐左移，说明方差负向作用呈现扩大趋势，收入的均值效应逐渐弥补不了方差效应带来的负向作用，而残差变化则向右移。可以推测，如果收入分布变迁确实能够影响贫困，那么只关注收入增长和收入差距可能并不全面，因为残差效应在收入分布变迁中逐渐占据重要位置。因此，有必要从收入分布变迁的整体特征中重新思考贫困问题，即从增长、分配和异质性三个维度同时研究中国巩固拓展脱贫攻坚成果问题。

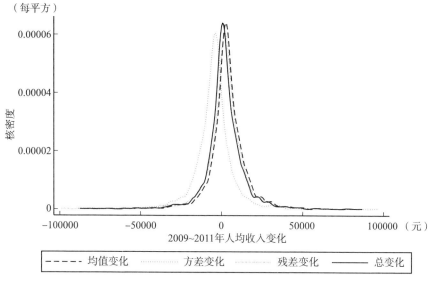

图 4 - 5　2006 ~ 2015 年收入分布变迁分解

第二节　收入分布变迁视角下三维贫困分解的稳健性检验

一、模型的构建

(一) 收入分布变迁实证指标

本章第一节完成了收入分布变迁拟合与测度，了解了 2006 ~ 2015 年收入分布的动态变化趋势，在此基础上本节进一步探析收入分布变迁对贫困的作用机制及效应。第三章贫困指数分解基础上，本章进一步采用计量方法对收入分布变迁的减贫效应进行实证分析。

假设 $f(x)$ 是收入的概率密度函数，那么基期和报告期之间的收入分布变迁总效应为：

$$\Delta f(x) = f_2(x) - f_1(x)$$

假设基期和报告期收入服从同样的分布函数，即 $x_1 \sim F(u_1, \sigma_1^2)$，$x_2 \sim F(u_2, \sigma_2^2)$，那么收入分布变迁的过程则如式（4.7）所示：

$$x_1 \xrightarrow{\text{均值变化} \xi_1} \sim F(u_2, \sigma_1^2) \xrightarrow{\text{方差变化} \xi_2} \sim F(u_2, \sigma_2^2) \xrightarrow{\text{残差变化} x_2}$$

$$(4.7)$$

所以收入分布变迁的均值变化为 $\xi_1 - x_1$，方差变化为 $\xi_2 - \xi_1$，残差变化为 $x_2 - \xi_2$，而相应的均值变化的贡献率为 $(\xi_1 - x_1)/(x_2 - x_1)$，方差变化的贡献率为 $(\xi_2 - \xi_1)/(x_2 - x_1)$，残差变化的贡献率为 $(x_2 - \xi_2)/(x_2 - x_1)$。

（二）二值选择模型

本章使用 Logit 二值选择模型估计均值、方差和残差变化对于居民减贫的作用效果，Logit 二值选择模型构建如下：

假设 y 是 0 和 1 的离散型变量，且变量 y^* 和 x_i 之间是线性关系，u_i^* 是扰动项，则：

$$y_i^* = x_i'\beta + u_i^*$$

$$y_i = \begin{cases} 1, & y_i^* > 0 \\ 0, & y_i^* \leq 0 \end{cases}$$

当 $y_i^* > 0$ 时，$y_i = 1$；当 $y_i^* \leq 0$ 时，$y_i = 0$。这里临界值选为 0，在进行模型构建时可以选择其他值为临界值。因此 y 的两点分布为：

$$\begin{cases} P(y_i = 1 \mid x_i, \beta) = P(y_i^* > 0) = P(u_i^* > -x_i'\beta) = 1 - F(-x_i'\beta) \\ P(y = 0 \mid x_i, \beta) = P(y_i^* \leq 0) = P(u_i^* \leq -x_i'\beta) = F(-x_i'\beta) \end{cases}$$

式中，F 是一个单调递增的连续分布函数，所以回归模型为：

$$y_i = 1 - F(-x_i'\beta) + u_i$$

随着 F 分布函数的类型变化，回归模型也随之变化，常用的二值模型如表 4-2 所示。

表 4 - 2　　　　　　　　　　常用的二值选择模型

u_i^* 对应的分布	分布函数类型	二值选择模型
标准正态分布	$\phi(x)$	Probit 模型
逻辑分布	$e^x/1 + e^x$	Logit 模型
极值分布	$1 - \exp(-e^x)$	Extreme 模型

本章选取的 F 为逻辑分布（logistic distribution）函数，因此

$$P(y = 1 \mid x_i, \beta) = 1 - F(-x_i'\beta) = 1 - (e(-x'\beta))/(1 + \exp(-x'\beta))$$

模型被称为"Logit 模型"。同时，由于

$$\begin{cases} p = P(y = 1 \mid x_i, \beta) \\ 1 - p = P(y = 0 \mid x_i, \beta) \end{cases}$$

且 $p = 1/(1 + \exp(-x'\beta))$，$1 - p = (e(-x'\beta))/(1 + \exp(-x'\beta))$，故

$$\begin{cases} p/(1 - p) = \exp(-x'\beta) \\ \ln(p/1 - p) = -x'\beta \end{cases}$$

式中，"$p/(1 - p)$"为"几率比"（odds ratio）或"相对风险"（relative risk）。

（三）收入分布变迁减贫模型构建

在上述收入分布变迁指标构建中，我们将收入分布变迁分解为均值、方差和残差变化，由于在对贫困变化状态回归过程中存在共线性问题，因此本章选取方差和残差变化进行二值选择回归，并将方差和残差变化对贫困的影响效应分别称为离散效应和异质效应，回归模型如式（4.8）所示：

$$\text{Poor}_i = \alpha + \beta_{1i}\left[(\xi_{2i} - \xi_{1i})/(x_{2i} - x_{1i})\right] + \beta_{2i}\left[(x_{2i} - \xi_{2i})/(x_{2i} - x_{1i})\right] + u_i$$

$$(4.8)$$

式中，Poor_i 为在不同贫困标准下的贫困状态变化，若居民在基期到报告期内脱贫则为 1，反之则为 0，而 β_{1i} 为离散效应对于减贫的贡献率，β_{2i} 为异质效应对于减贫的贡献率，本章主要观测各效应对贫困的

影响程度，因此选择系数绝对值进行分析。

二、实证结果与分析

在第三章中，我们将收入分布变迁引入 FGT 贫困分解框架，在统计层面上分解了收入增长、分配和异质性对贫困变化的影响效应。基于此，本章采用 Logit 二值回归模型，分别选取 CHNS 和 CFPS 微观大数据进行计量分析，从实证层面上进一步验证收入分布变迁对贫困的影响效应。由于均值、方差和异质变化构成收入分布变迁的总变化，因此在回归过程中会出现多重共线性问题，为规避多重共线性，本章选取方差和异质性对贫困变化进行回归，进一步验证方差和异质性变化对减贫的贡献程度，因此本章选取系数绝对值进行阐释。由表 4 - 3 可以看出，基于 CHNS 数据收入的离散效应和异质效应均对居民贫困的变化具有显著影响。且随着经济发展，离散效应对贫困影响程度加深，同时异质效应对贫困变化的影响效应也随之加深，意味着收入分配不平等和异质性在中国减贫进程中起到越来越重要的作用，且选取不同的贫困标准对回归结果的影响不大，因此回归结果具有稳健性。同时由表 4 - 3 回归系数可知，常数项数值较大，意味着增长效应对贫困变化的贡献率较大，要高于离散效应和异质效应的影响，说明收入水平的提升在减贫进程中仍然起到重要作用。以上结果表明，收入分布变迁的增长效应、离散效应和异质效应均在减贫进程中起到重要作用，且增长效应依然在减贫中起主导作用，离散效应和异质效应在减贫进程中起到的作用越来越大。

表 4 - 3　　　　2006 ~ 2015 年三效应对减贫的贡献率绝对值

贫困标准	效应	2006 ~ 2009 年	2009 ~ 2011 年	2011 ~ 2015 年
1.9 美元	离散效应	0. 0059 ***	0. 0146 ***	0. 0041 ***
	异质效应	0. 0019 ***	0. 0021 ***	0. 0022 ***
	常数项	36. 0811 ***	48. 7597 ***	51. 3619 ***

续表

贫困标准	效应	2006~2009 年	2009~2011 年	2011~2015 年
	离散效应	0.0029 ***	0.0066 ***	0.0021 ***
3.2 美元	异质效应	0.0010 ***	0.0010 ***	0.0011 ***
	常数项	17.6199 ***	21.7267 ***	24.7711 ***
	离散效应	0.0045 ***	0.0102 ***	0.0026 ***
2300 元	异质效应	0.0015 ***	0.0015 ***	0.0014 ***
	常数项	27.1750 ***	33.9078 ***	32.0284 ***

注：*** 表示在 1% 的水平下显著。
资料来源：CHNS 数据。

表 4-4 的实证结果来自 CFPS 数据，由计量结果可以看出，收入分布变迁的离散效应和异质效应对于贫困变化的贡献率相差不大。以 2014~2016 年为例，在 1.9 美元贫困标准下，离散效应和异质效应对贫困变化的影响在 1% 的水平下显著，且系数绝对值分别为 0.0200 和 0.0214，意味着离散效应和异质效应对贫困变化的影响存在对称效应。且随着经济发展，异质效应对贫困变化的贡献率逐年上升，在 1.9 美元贫困标准下，2012~2016 年，离散效应和异质效应对贫困的影响系数分别由 0.0188 和 0.0098 上升到 0.0200 和 0.0214，意味着异质效应的减贫效果和离散效应的恶贫效果均呈现上升趋势，但是异质效应的减贫效果能够弥补离散效应的恶贫作用。同时常数项系数要高于离散效应和异质效应系数，且亦呈现上升趋势，说明异质效应和增长效应在减贫进程中起到越来越重要的作用，且收入水平的提高依然在减贫进程中起到主导作用。

表 4-4　　　2012~2016 年离散和异质效应对减贫的贡献率绝对值

贫困标准	效应	2012~2014 年	2014~2016 年
	离散效应	0.0188	0.0200 ***
1.9 美元	异质效应	0.0098	0.0214 ***
	常数项	1.6267 ***	4.1519 ***

续表

贫困标准	效应	2012～2014 年	2014～2016 年
3.2 美元	离散效应	0.0524	0.0220***
	异质效应	0.0193	0.0235***
	常数项	1.0747***	3.277***
2300 元	离散效应	0.0339	0.0207***
	异质效应	0.0142	0.0221***
	常数项	1.3103***	3.7483***

注：*** 表示在 1% 的水平下显著。
资料来源：CFPS 数据。

虽然离散效应在减贫进程中的作用呈现略微下降的趋势，但是下降幅度不大，说明离散效应对减贫亦起到不可忽视的作用。以上结果表明，收入水平的提升依然能够降低贫困，且减贫作用依然明显；收入不平等的恶贫效应虽然有所下降，但是下降趋势并不剧烈；而异质效应在减贫进程中起到越来越重要的作用，且几乎能够弥补甚至超过收入不平等带来的恶贫效应。

由 CHNS 和 CFPS 微观数据库的实证结果可以看出，收入分布变迁的增长效应在减贫进程中依然起到重要作用，随着收入水平的提高，居民贫困确实存在下降趋势；收入分布变迁的离散效应在减贫进程中同样起到重要作用，随着收入差距扩大，虽然贫困的恶化趋势略有下降，但是收入不平等依然是减贫的主要阻力；而随着经济发展，异质性对于减贫起到越来越重要的作用，且能够弥补甚至超过收入差距扩大带来的恶贫效应。以上实证结果进一步验证了基于收入分布变迁的 FGT 贫困指数分解结果的正确性，保证了收入分布变迁贫困分解的稳健性。

第三节　本　章　小　结

基于收入分布变迁的贫困指数分解结果表明，收入增长依然具有减贫作用，收入差距扩大不断恶化贫困，而异质性的减贫效应则逐渐增强，并且能够逐渐弥补收入差距扩大带来的恶贫效应。本章为了进一步验证基于收入分布变迁的贫困分解结果的稳健性，选取 CHNS 和 CFPS 微观调查数据并利用计量方法实证分析收入分布变迁各效应对贫困的作用效果，结果如下：

首先，通过收入分布拟合结果可知，研究期间我国居民收入水平逐年提高，但是收入差距也随之扩大，收入分布呈现两极分化现象。并且进一步拟合低收入组群居民收入分布变迁发现，低收入组群居民虽然收入水平存在一定的提升，但是返贫趋势也更加严重。这意味着我国居民在收入水平提升的同时，收入分布两极分化现象严重，低收入组群居民出现返贫特征。

其次，从拟合结果可以看出，收入分布变迁的增长效应能够降低贫困，离散效应则会恶化贫困，而异质效应则能够减缓贫困，且收入分布变迁作用于贫困的离散效应和异质效应作用效果几乎对等。这说明随着收入水平的提升，贫困呈现下降趋势，而随着收入差距不断扩大，贫困亦随之恶化，但居民的异质性作用则能够降低贫困，且在一定程度弥补了收入差距扩大带来的恶贫效应。

最后，本章选取 CHNS 和 CFPS 微观数据实证分析收入分布变迁的减贫结果，可以看出，收入分布变迁的增长效应和离散效应在减贫进程中依然起到重要作用，而异质效应的减贫作用也逐渐增强，甚至超过离散效应的作用效果。说明随着收入水平的提高，居民贫困确实存在下降趋势；而随着收入差距的扩大，贫困问题逐渐恶化；异质性对于减贫起到越来越重要的作用，且能够弥补甚至超过收入差距扩大带来的恶贫效应。以上实证结果进一步验证了基于收入分布变迁的 FGT 贫困指数分解结果的正确性，保证了收入分布变迁贫困分解的稳健性。

第五章

三维贫困分解的增长效应：
经济增长的减贫机制

第一节　增长效应视角下经济增长的
减贫机理分析

一、经济增长与减贫的关系梳理

改革开放以来，我国国内生产总值由 1978 年 3678.7 亿元增长到 2018 年的 900309.5 亿元，增长了 246%；而人均 GDP 由 1978 年的 385 元增长到 2018 年的 64644 元，增长了 166.91%。伴随着经济的发展，我国减贫工作和金融发展均取得了巨大成效[1]。改革开放以来，我国贫困发生率由 1978 年的 97.5%下降到 2019 年的 0.6%[2]，并于 2020 年完成全面脱贫任务，创造了世界减贫历史上的中国奇迹。多拉尔和克拉伊（Dollar and Kraay，2000）研究发现，经济增长能够给所有人带来好处，

---

① 根据各年度《中国统计年鉴》整理。
② 数据来自国家统计局农村住户调查和居民收支与生活状况调查。

反贫困的核心在于经济增长。但是学术界对于经济增长是否能够降低贫困始终存在争论。有学者研究认为，由于资源分配不均和资本惯性，拥有更多资源的群体在经济增长中能够获得最大利益，而拥有资源较少的群体很难在经济增长中获益，经济增长的减贫效应不足，很难持续降低贫困，甚至恶化贫困问题（庞永红，2011；陈书，2012；王瑜和汪三贵，2016）。只有当穷人能够更多地从经济增长中获益时，才称经济增长有利于贫困（Son and Kakwani，2008）。经济增长虽然能够降低贫困，但是部分情况下经济增长很难直接作用于穷人，并且经济增长和收入分配均会对贫困产生影响（Pernia，2000）。当经济增长处低速水平时，贫困并没有随着经济增长而降低，反而呈现恶化现象，这就是"增长性贫困"（郑秉文，2007）。采用拉美1980~2008年数据研究发现，该地区贫困率随着经济增长而呈现上升趋势，仅当经济增长率超过3%时贫困率才出现下降趋势，这就是"3%拐点假说"（郑秉文，2009）。也有部分学者认为经济增长有利于降低贫困，随着经济增长贫困自发下降（李永友，2007；夏庆杰，2010；李小云，2010；沈扬扬，2012）。陈绍华和王燕（2001）研究发现中国经济增长的减贫效应明显，但是收入分配不平等又抵消了经济增长的减贫效应，并且富人在经济增长中获得了更多的收益。本章要解决的问题，就是在全面脱贫背景下，经济增长能否进一步巩固拓展脱贫攻坚成果，以及经济增长在巩固拓展脱贫攻坚成果中的作用大小。本章在《中国统计年鉴》等宏观数据基础上，采用系统GMM估计经济增长在巩固拓展脱贫攻坚成果中的作用机制。

二、经济增长的减贫机理分析

经济增长能够降低贫困是人类的共识，但是在收入差距扩大的背景下，经济增长的减贫作用必然受到影响，甚至会出现伴随着经济增长，贫困也不断恶化的现象。在此基础上，本小节对经济增长的减贫机理进行分析，首先设定居民收入的分布函数F(y)如式（5.1）所示：

$$F(x) = \int_0^x f(y)dy, x \in [0, y^*] \tag{5.1}$$

其中，$f(y)$ 是收入的密度函数，且 $y \sim (\bar{y}, \sigma^2)$。

在经济增长初期，贫困人群体的收入分布函数如式（5.2）所示：

$$F_z(y) = \int_0^z f(y)dy \tag{5.2}$$

其中，z 表示贫困线，在图 5-1 中，横轴和初期收入密度函数 $f(y)$ 之间从 0 到贫困线 z 的部分为初始贫困人口。

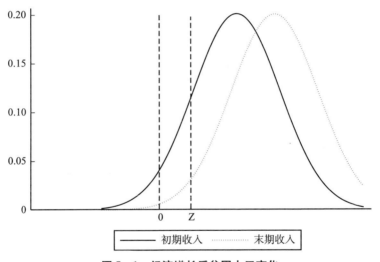

图 5-1　经济增长后贫困人口变化

假设随着经济发展，居民收入水平提高，此时，居民收入分布函数为 $F_1(y + \Delta y)$，密度函数是 $f_1(y + \Delta y)$，因此在经济增长结束时，其分布函数如式（5.3）所示：

$$F_1(x_1) = \int_0^{x_1} f_1(y + \Delta y)dy, x_1 \in [0, y^* + \Delta y] \tag{5.3}$$

此时 $y_1 \sim (\bar{y} + \Delta y, \sigma^2)$，而随着经济发展，贫困居民收入分布也随之变化，具体形式如式（5.4）所示：

$$F_{1z}(y) = \int_0^z f_{1z}(y + \Delta y)dy \tag{5.4}$$

经济增长后，贫困人口由收入密度函数 $f_1(y + \Delta y)$ 和横轴以及 0 到贫困标准 z 之间的部分表示。基于此，经济增长前后的贫困人口变化如式（5.5）所示：

$$F_{1z}(y) - F_z(y) = \int_0^z f(y)dy - \int_0^z f_{1z}(y + \Delta y)dy \qquad (5.5)$$

假设收入分布函数符合正态分布，那么贫困人口变化如式（5.6）所示：

$$F_{1z}(y) - F_z(y) = \int_0^z \frac{1}{\sqrt{2\pi}\sigma} e^{-\frac{[(y+\Delta y)-(u+\Delta y)]^2}{2\sigma^2}} d(y + \Delta y) - \int_0^z \frac{1}{\sqrt{2\pi}\sigma} e^{-\frac{(y-u)^2}{2\sigma^2}} dy$$

$$(5.6)$$

进一步整理可得：

$$F_{1z}(y) - F_z(y) = -\left(-\frac{1}{\sqrt{2\pi}} \cdot \frac{1}{t} \cdot e^{-\frac{t^2}{2}} \right) \Big|_{-\frac{u}{\sigma}}^{\frac{z-u}{\sigma}} + \left(-\frac{1}{\sqrt{2\pi}} \cdot \frac{1}{t^*} \cdot e^{-\frac{t^{*2}}{2}} \right) \Big|_{\frac{-u-\Delta y}{\sigma}}^{\frac{z-u-\Delta y}{\sigma}}$$

$$+ \int_{\frac{-u-\Delta y}{\sigma}}^{\frac{z-u-\Delta y}{\sigma}} \frac{1}{\sqrt{2\pi}} e^{-\frac{t^{*2}}{2}} d\left(\frac{1}{t^*}\right) - \int_{-\frac{u}{\sigma}}^{\frac{z-u}{\sigma}} \frac{1}{\sqrt{2\pi}} \cdot e^{-\frac{t^2}{2}} d\frac{1}{t}$$

其中，$t = \dfrac{y-u}{\sigma}$，且 $\dfrac{z-u}{\sigma} > \dfrac{z-u-\Delta y}{\sigma}$，$\dfrac{-u}{\sigma} > \dfrac{-u-\Delta y}{\sigma}$，所以：

$$\int_{-\frac{u}{\sigma}}^{\frac{z-u}{\sigma}} \frac{1}{\sqrt{2\pi}} \cdot e^{-\frac{t^2}{2}} d\frac{1}{t} > \int_{\frac{-u-\Delta y}{\sigma}}^{\frac{z-u-\Delta y}{\sigma}} \frac{1}{\sqrt{2\pi}} e^{-\frac{t^{*2}}{2}} d\left(\frac{1}{t^*}\right);$$

$$\left(-\frac{1}{\sqrt{2\pi}} \cdot \frac{1}{t} \cdot e^{-\frac{t^2}{2}} \right) \Big|_{-\frac{u}{\sigma}}^{\frac{z-u}{\sigma}} > \left(-\frac{1}{\sqrt{2\pi}} \cdot \frac{1}{t^*} \cdot e^{-\frac{t^{*2}}{2}} \right) \Big|_{\frac{-u-\Delta y}{\sigma}}^{\frac{z-u-\Delta y}{\sigma}}$$

因此可得，$F_{1z}(y) < F_z(y)$，即随着经济增长，贫困人口存在下降趋势，并且居民收入增长幅度越大，贫困人口下降越快。其变化趋势由图 5-1 所示。

由经济增长的减贫机理分析可知，伴随着经济增长，居民贫困确实存在下降趋势，那么经济增长对于减贫的贡献率有多大？经济增长的减贫机制如何？本章采用实证分析法，进一步验证经济增长的减贫机制。

第二节　经济增长与减贫的统计性描述

一、数据来源与变量的选取

本章主要选取《中国统计年鉴》1999～2017年各省份数据、历年《中国金融统计年鉴》各省份数据、《新中国六十五年统计资料汇编》以及各省份统计年鉴的数据，经过整理计算得到最终数据，并剔除了香港、澳门和台湾地区的数据。最终实证部分所用样本包含31个省份的数据，由于2018年部分数据暂未公布，因此样本区间选取1999～2017年。

对本章模型所采用的变量指标进行如下设计：国际上一般使用恩格尔系数或贫困发生率、贫困深度和贫困强度来表示减贫变量（p），但是由于中国教育和医疗支出较高，因此采用恩格尔系数表示贫困变量并不合理（尹海洁和唐雨，2009），而且由于省级数据限制很难计算出贫困发生率、贫困深度和强度，同时由于地区消费水平越高，其经济发展状况越好，消费水平高低在一定程度上能够代表一个地区的发展状况，进而能够体现出一个地区的贫困状态，因此本章采用人均消费水平作为被解释变量（Quartey，2008；Odhiambo，2009；崔艳娟等，2012）。国际上一般使用GDP、人均GDP和人均GDP增长率来衡量经济增长（eg）变量，其中由于存在影响GDP和人口的因素，因此人均GDP和人均GDP增长率比GDP指标更准确，因此本章选取人均GDP作为经济增长指标（Barro，2000；Honohan，2004；Jeanneney and Kpodar，2011）。国际上一般采用基尼系数、城乡居民人均收入比率和泰尔指数等来衡量收入分配（incdis）变量，其中囿于省级数据可获得性，基尼系数和泰尔指数很难计算，因此本章选取城乡居民的人均收入比率这一指标代表收入分配，计算公式为城镇居民人均可支配收入/农村居民人均纯收入。金融系统发展对资源配置、储蓄、贷款和保险等金融服务以及风险管理等方面均起到促进作用，直接影响了一国的经济增长、收入分配和金融服务提供等，并通过这些途径间接作用于减贫。虽然贫困受多种因素影响，但是鉴于收入水平一直以来是衡量贫困程度的重要标准，因此影响经济增长、收入分配和金融服务的金融发展必将对减贫起到重要作用。良好的金融发展将会促进一国经济发展，影响居民收入分配，提高居民收入水平，进而影响贫困，同时金融发展往往伴随着金融规模扩张，金融机构数量的增加，不仅能够促进居民收入水平提高、创造就业机会，还能够增加穷人获得资金的机会，因此本章将金融发展引入模型设定中，基于省级数据的可获得性，本章金融发展（finance）变量主要用金融发展规模和金融发展效率来衡量，金融发展规模采用银行贷款/GDP 来衡量（Arestis, Demetriades and Luintel, 2001；Allen et al., 2007），该指标越大说明金融发展规模越大。主要控制变量如下：一是教育水平（edu），该指标用普通高等学校在校学生数/年底总人口数表示；二是政府行为（gov），用地方政府财政支出/GDP 衡量；三是市场实物投资和资本形成状况（inv），用固定资产投资额/GDP 表示；四是各省份对外开放程度（tra）指标，采用各省进出口总额/GDP 衡量；五是近年来，第三产业发展带动经济发展，并缓解中国贫困问题，因此利用产业结构升级指标（stru）表示产业结构升级对减贫的影响，即为第三产业增加值/GDP。为了规避异方差和内生性等问题，本章选取变量的对数作为最终指标，各指标构造如表 5 - 1。

表 5 - 1　　　　　　　　　模型指标构建与说明

变量符号	指标含义	计算方式
p	减贫变量	ln（人均消费水平）
eg	经济增长	ln（人均 GDP）
incdis	收入分配	ln（城镇居民人均可支配收入/农村居民人均纯收入）

变量符号	指标含义	计算方式
finance	金融发展规模	ln（贷款总额/GDP）
edu	教育	ln（高等学校在校学生数/年底总人口数）
gov	政府行为	ln（地方政府财政支出/GDP）
inv	资本行为	ln（固定资产投资额/GDP）
tra	对外开放度	ln（各省份进出口总额/GDP）
stru	产业结构	ln（第三产业增加值/GDP）

二、数据的统计性描述

在进行实证分析之前，本章首先对选取的数据进行统计性分析，结果如表 5 - 2 和图 5 - 2 所示。

表 5 - 2　　　　　　　　　原始数据描述性统计结果

变量	观测值	均值	方差	最小值	最大值
消费水平（元）	589	8666.166	6025.724	2270.08	39791.85
人均 GDP（元）	589	29367.57	24051.76	2545	128994
城乡收入比（%）	589	2.779635	0.6450252	1.845148	5.524927
贷款总额/GDP（%）	588	556.1992	13459.48	0.5032219	326376.3
高校学生数占比（%）	589	0.0140336	0.007442	0.0015229	0.0356502
财政支出/GDP（%）	589	0.2185681	0.1723323	0.0629594	1.379161
固定投资/GDP（%）	589	0.5995541	0.2532254	0.236562	1.507033
进出口总额/GDP（%）	589	4141.7	5152.012	249.8261	24443.8
第三产业值/GDP（%）	589	0.4251805	0.0834529	0.2830286	0.8055616

资料来源：各年度《中国统计年鉴》、《中国金融统计年鉴》以及《新中国六十五年统计资料汇编》。

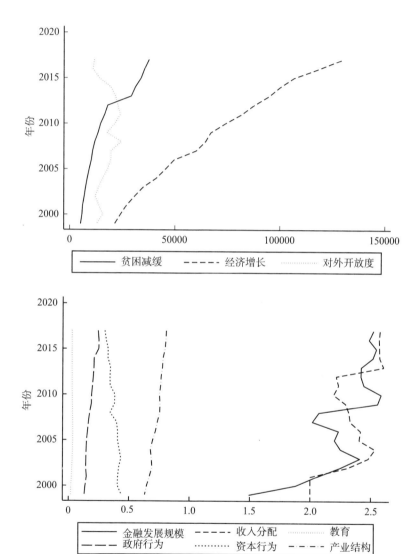

图 5-2 原始数据 1999~2018 年变化趋势

可以看出，我国人均消费水平均值为 8666.166 元，方差为 6025.724 元，意味着我国居民消费水平差距较大，贫困人口消费水平偏低；人均收入为 29367.57 元，方差为 24052.76 元，虽然我国居民人均收入水平较高，但是收入差距也大，意味着我国居民收入呈现两极分化趋势；从贷款总额与 GDP 比可以看出，我国居民贷款积极性较高，并且金融发展规模差距较大；城乡居民收入分配差距较大，城乡居民人均收入差距均值达到约 2.78，意味着城市居民人均收入是农村居民人均收入的约 2.78 倍，农村贫困问题较之城镇更加严重；接受高等教育的居民占总人口比例较低，均值仅达到约 0.014，但受教育居民比例呈现上升趋势，意味着中国居民受教育程度逐渐提高；政府财政支出比例相对较低，均值仅约为 0.2186，但从历年数据可以看出，政府财政支出也在逐年递增，意味着政府在中国居民脱贫进程中的作用越来越重要；固定资产投资额占 GDP 比例的历年数据呈现递减趋势，且其均值约为 0.5996，方差约为 0.2532，意味着固定资产投资比例下降，但是下降幅度并不大，总体维持在 50% 左右；近几年我国进出口总额呈现下降趋势，且各省进出口总额占 GDP 比例均值仅为 4141.7，进出口总额的下滑对中国经济产生巨大影响，而中国对外开放程度对中国居民贫困存在何种影响特征需要进一步研究；中国第三产业增加值占 GDP 比例均值约为 0.4252，方差约为 0.0835，且呈现上升趋势，说明我国第三产业发展迅速，占总产值比例接近 50%，那么第三产业的快速发展能否影响我国减贫？在此基础上，本章进一步分析经济增长等因素对减贫的影响效应。

在此基础上，本章利用散点图初步估计减贫和经济增长之间的相关关系，由图 5-3 可以看出，经济增长和减贫之间存在正向相关关系，说明随着经济发展，我国贫困程度降低。基于此，本章进一步采用系统 GMM 估计实证分析经济发展对我国减贫的作用机制。

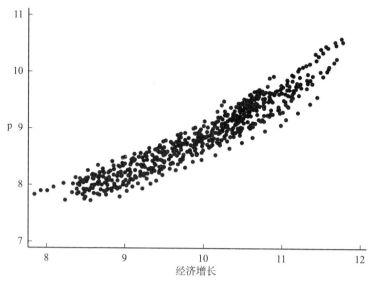

图 5 - 3 经济发展和减贫之间相关关系的散点图

第三节 经济增长的减贫效应实证分析

一、系统 GMM 估计原理及模型构建

（一）动态面板数据模型

面板数据是时间序列数据和截面数据的混合形式，面板数据的优点之一就是可以根据个体动态行为构建模型。面板数据模型的一般形式如式（5.7）所示：

$$y_{it} = \alpha + \beta x_{it} + u_i + \varepsilon_{it} \tag{5.7}$$

其中，y_{it} 为被解释变量，α 为常数项，β 是 $k \times 1$ 阶系数向量，x_{it} 是解释变量，u_i 是为观测的截面个体效应，ε_{it} 是随机扰动项，i 表示第 i 个样本，$i = 1，2，\cdots，N$，t 表示时间，$t = 1，2，\cdots，T$。有经济理论

认为，由于惯性的存在或局部变动使个体当前的行为受到过去行为的影响，因此在模型构建中，将被解释变量的滞后值作为解释变量进行估计，这就是"动态面板数据"（dynamic panel data，DPD），加入被解释变量滞后值后，其他观测值的影响均与滞后项相关。动态面板的一般形式如式（5.8）所示：

$$y_{it} = \alpha + \delta y_{it-1} + \gamma x_{it} + u_i + \varepsilon_{it} \tag{5.8}$$

动态面板数据不仅能克服反向因果问题，还能够通过控制固定效应克服遗漏变量问题，但是由于动态面板数据存在"动态面板偏差"（dynamic panel bias），即组内估计量（FE）不一致（Nickell，1981），并且由于采用被解释变量滞后项作为解释变量可能导致解释变量与扰动项相关，出现内生性问题。因此采用传统最小二乘和广义最小二乘估计可能会存在估计偏差，固定效应模型同样会使估计参数值有偏和非一致，参数值可能会存在向下的偏差。因此，本章选用广义估计矩估计（generalized method of moments，GMM）进行实证研究，该方法能够解决以上方法存在的问题。

（二）系统 GMM 动态面板估计

GMM 估计包括差分 GMM 估计、水平 GMM 估计和系统 GMM 估计。差分 GMM 估计首先对模型进行差分，并设置所有可能的滞后变量作为工具变量，进行 GMM 估计得到差分 GMM 估计量，一方面通过差分消除了个体效应 u_i，另一方面也克服了变量内生性和异方差问题，但是由于差分消除了不随时间变化的变量，因此可能导致弱工具变量问题，造成差分 GMM 估计有时成为无效估计（Arellano and Bond，1991）。为了消除弱工具变量问题，阿莱拉诺和波沃（Arellano and Bover，1995）使用 $\{\Delta y_{it-1}, \Delta y_{it-2}, \cdots\}$ 作为 y_{it-1} 的工具变量对动态面板模型进行 GMM 估计，这就是"水平 GMM"。进行水平 GMM 估计之前必须满足扰动项无自相关和 $\{\Delta y_{it-1}, \Delta y_{it-2}, \cdots\}$ 与个体效应 u_i 无关两个假设。而布伦德尔和邦德（Blundell and Bond，1998）则将差分 GMM 估计和水平 GMM 估计结合起来构成系统 GMM 估计，并利用蒙特卡洛（Monte

Carlo）法验证了系统 GMM 估计的优越性，不但克服了差分 GMM 估计在变量较少时的偏差，同时能够估计不随时间变化的变量的系数，提高了估计的有效性和一致性。但是系统 GMM 估计也必须同时满足扰动项无自相关和 $\{\Delta y_{it-1}, \Delta y_{it-2}, \cdots\}$ 与个体效应 u_i 无关两个假设。

系统 GMM 估计过程如下：

根据阿莱拉诺和邦德（Arellano and Bond, 1991）提出的差分 GMM 估计，对动态面板模型式（5.8）进行一阶差分得到模型（5.9）：

$$\Delta y_{it} = \delta \Delta y_{t-1} + \gamma \Delta x_{it} + \Delta \varepsilon_{it} \tag{5.9}$$

其中，y_{it-1} 是 ε_{it-1} 的函数，一般将工具变量取与 Δy_{it-1} 高度相关，但是与 $\Delta \varepsilon_{it}$ 无关的 y_{it-2}，Δy_{it-2}。

在差分的基础上，引入下列矩条件：

$$f(\alpha) = \sum_{i=1}^{n} f_i(\alpha) = \sum_{i=1}^{n} z'_i \varepsilon_i(\alpha)$$

其中，z'_i 是工具变量，$\varepsilon_i(\alpha)$ 为残差项，其表达式如下：

$$\varepsilon_i(\alpha) = \Delta y_{it} - \alpha_1 \Delta y_{it-1} - \sum_{i=1}^{n} \alpha_i \Delta x_{kit-1} \tag{5.10}$$

目标函数为：

$$S(\alpha) = \left[\sum_{i=1}^{n} z'_i \varepsilon_i(\alpha)\right]' H \left[\sum_{i=1}^{n} z'_i \varepsilon_i(\alpha)\right] = f(\alpha)' H f(\alpha)$$

其中，H 为正定权重矩阵，该目标函数取极小值时的参数估计量就是系统 GMM 估计量。

一般通过 Hansen 检验和序列相关检验验证系统 GMM 估计的适用性。当存在过度识别时，利用 Hansen 检验验证系统 GMM 估计的工具变量的准确性；而序列相关检验则是检验二阶序列相关性是否存在误差。一般情况下，固定效应估计会低估滞后项的系数估计值，而混合 OLS 会高估滞后项的系数估计值，因此可对系统 GMM 估计值与固定效应估计值和混合 OLS 估计值进行简单比较以判断系统 GMM 估计值是否合理，若系统 GMM 估计值处于固定效应估计值和混合 OLS 估计值中间，则证明系统 GMM 估计值是有效的（Bond et al., 2001）。

（三）经济增长与减贫的系统 GMM 模型构建

根据已有文献研究成果可知，一方面经济增长能够通过提高居民收入水平降低贫困，另一方面研究发现，受收入分配不平等影响，经济增长的减贫作用可能存在下降趋势。因此本章构建经济增长减贫模型如式（5.11）所示：

$$p = f(eg,\ finance,\ incdis,\ X) \tag{5.11}$$

其中，p 表示减贫变量，eg 表示经济增长，incdis 表示收入分配，finance 表示金融发展，X 表示控制变量，控制变量主要是保证模型的精准性。

在式（5.11）的基础上根据让纳内和波达（Jeanneney and Kpodar, 2011）的研究方法将模型引入动态面板数据模型，进行系统 GMM 估计，金融发展对减贫的影响模型如式（5.12）所示：

$$p_{it} = \alpha_0(p_{it-1}) + \alpha_1 \times eg_{it} + \alpha_2 \times incdis_{it} + \alpha_3 \times finance_{it} + \beta \times X_{it} + \gamma_t + u_i + \varepsilon_{it}$$

$$\tag{5.12}$$

其中，γ 表示观测的时间固定效应，u 表示观测的地区固定效应，ε 是误差项，i 表示省份，t 表示时间，α、β 表示待估参数。该模型主要验证经济发展对减贫的作用。

二、实证结果及分析

（一）GMM 估计适用性检验

表 5-3 分别利用混合 OLS 估计、固定效应 OLS 估计和系统 GMM 估计对经济增长和减贫相关变量进行了实证分析，研究发现，系统 GMM 估计中一阶和二阶滞后项系数分别处于混合 OLS 和固定效应 OLS 估计系数之间，因此，系统 GMM 估计结果是有效的，并且 Sargan 检验结果也表明该结果是有效的。同时由表 5-3 可知，减贫变量的滞后项与减贫变量之间高度相关，说明减贫具有持续性；除此之外，经济增长、金融

发展和收入分配与减贫之间存在正相关关系，说明经济增长、金融发展和收入分配有助于降低贫困。从 GMM 系统估计结果看，可知经济增长对减贫的贡献率明显高于金融发展规模的作用效果，且收入分配对减贫的贡献率最低，说明在经济发展过程中收入增长依然是降低贫困的主要因素，而通过调节收入分配减贫的政策效果并不明显。

表 5 - 3　　　　　　　经济增长与减贫 GMM 估计适用性检验

变量	混合 OLS	固定效应 OLS	系统 GMM
p(- 1)	0. 1561 *** (8. 61)	- 0. 0647 ** (- 2. 53)	0. 1463 *** (7. 87)
p(- 2)	0. 1405 *** (7. 89)	- 0. 0403 * (- 1. 89)	0. 1284 *** (10. 82)
eg	0. 5128 *** (40. 38)	0. 4584 *** (25. 19)	0. 5300 *** (24. 58)
incdis	0. 0266 (0. 85)	0. 1123 ** (2. 41)	0. 0645 (1. 02)
finance	0. 1465 *** (6. 58)	0. 0998 *** (4. 54)	0. 1328 *** (4. 54)
cons	1. 0911 *** (10. 89)	5. 1021 *** (11. 43)	1. 0776 *** (5. 20)
obs	545	545	545
Sargan test	—	—	460. 29
Prob > chi2	0. 0000	0. 0000	0. 0000

注：p(- 1) 和 p(- 2) 分别是减贫变量的一阶和二阶滞后项，括号内为各变量系数的 z 检验。*** 、** 和 * 分别表示在 1% 、5% 和 10% 的水平下显著。

（二）经济增长对减贫的影响效应分析

为了深入探析经济发展的减贫效应，本章引入控制变量进一步检验二者关系的稳健性，主要考虑了教育水平、政府行为、投资状况、对外开放程度以及产业结构升级几个控制变量对减贫的影响效应。由表 5 - 4 可知,第(2)~(6)列估计结果在第(1)列的基础上依次加入了教育水平、政府行为、投资状况、对外开放程度以及产业结构升级几个控制变量,并在第(7)列对整体进行了系统 GMM 估计,发现经济增长、金融发展以及收入分配对减贫均呈现正向影响,并未因控制变量改变而变化,说明经济发展和减贫之间的正相关关系是稳健的。同时对外开放程度和产业结构升级均对减贫具有正向作用,而教育水平、政府行为以及实物投资状况则对减贫具有负向作用。同时由第(7)列可知,前一期减贫对本期减贫贡献率呈现正向作用,说明减贫具有持续性,并能进一步促进下一期贫困下降。

表 5 - 4　　　　系统 GMM 估计经济增长与减贫实证分析与检验

变量	(1)	(2)	(3)	(4)	(5)	(6)	(7)
p(-1)	0. 1463 *** (7. 87)	0. 1569 *** (9. 06)	0. 1793 *** (11. 14)	0. 1922 *** (11. 34)	0. 1643 *** (7. 66)	0. 1428 *** (7. 01)	0. 2251 *** (11. 73)
p(-2)	0. 1284 *** (10. 82)	0. 1159 *** (10. 12)	0. 1380 *** (11. 06)	0. 1647 *** (9. 28)	0. 1559 *** (9. 89)	0. 1529 *** (13. 5)	0. 1503 *** (5. 6)
eg	0. 5300 *** (24. 58)	0. 6092 *** (26. 45)	0. 5098 *** (25. 73)	0. 5215 *** (23. 98)	0. 4875 *** (15. 4)	0. 5076 *** (24. 24)	0. 5558 *** (11. 5)
incdis	0. 0645 (1. 02)	0. 1061 ** (1. 97)	0. 1383 * (1. 91)	0. 1231 * (1. 88)	0. 0774 (1. 17)	0. 0476 (0. 91)	0. 2945 *** (3. 86)
finance	0. 1328 *** (4. 54)	0. 1280 *** (5. 71)	0. 1607 *** (4. 29)	0. 1259 *** (4. 95)	0. 1196 *** (3. 51)	0. 0204 (0. 53)	0. 0246 (0. 6)
cons	1. 0776 *** (5. 2)	- 0. 2617 (- 0. 76)	0. 7107 ** (2. 14)	0. 2943 (0. 69)	0. 8463 *** (4. 2)	1. 4469 *** (6. 32)	- 0. 7147 (- 1. 52)
edu		- 0. 1191 *** (- 6. 96)					- 0. 1661 *** (- 8. 2)
gov			- 0. 0676 *** (- 3. 3)				- 0. 2240 *** (- 7. 88)

续表

变量	(1)	(2)	(3)	(4)	(5)	(6)	(7)
inv				-0.1406*** (-4.22)			0.1013 (1.45)
tra					0.0309*** (3.8)		-0.0104 (-0.49)
stru						0.3524*** (6.21)	0.6330*** (7.3)
obs	545	545	545	545	545	545	545
Sargan test	460.29	442.71	468.86	466.49	460.92	456.51	442.62
Prob > chi2	0.0000	0.0000	0.0000	0.0000	0.0000	0.0000	0.0000

注：p(-1) 和 p(-2) 分别是减贫变量的一阶和二阶滞后项，括号内为各变量系数的 z 检验。***、** 和 * 分别表示在 1%、5% 和 10% 的水平下显著。

在控制其他相关变量的情况下，经济增长减贫效应整体呈现上升趋势。但是当仅控制教育这一变量时，会促进经济增长的减贫作用，而控制其他变量时却会阻碍经济增长的减贫作用，意味着教育水平变化是影响我国居民减贫的重要因素，因此本书在第七章进一步分析教育异质性对贫困的作用机制；在控制其他变量不变的情况下，收入差距减贫效应明显增强，仅在控制产业结构时其减贫效应有所下降，说明控制产业结构变化不利于调节收入分配减贫效应，因此在制定调节收入分配的减贫政策时要考虑产业结构变化的影响；金融发展对减贫的贡献率明显高于不控制其他变量情况下的贡献率，意味着排除其他因素影响，金融发展能够更好地改善贫困状况，其中控制政府地方财政支出，金融发展对减贫的贡献率更高，说明控制好政府干预风险更有利于金融发展的减贫效应。

本章进一步引入经济增长、金融发展和收入分配的平方变量以考察它们之间的非线性关系。由表 5-5 可以看出，经济增长对减贫存在负向作用，经济增长的平方项则对减贫存在正向效应，说明经济增长与减贫之间呈现 U 形关系，意味着在经济增长初期，经济增长首先惠及高收入群体，低收入群体很难从经济增长中获益，因此贫困人口并未减少，而随着经济不断发展，高收入群体开始带动贫困人口减贫，这个结果与"涓滴效应"吻合。金融发展对减贫具有正向作用，而金融发展的平方项则对减贫具有负向效应，但是系数并非明显区别于零值，说明金融发展虽然对减贫具有非线性效应，但两者之间的非线性效应并不明显。而收入分配与减贫之间存在负相关关系，收入分配的平方项则与减贫之间存在正相关关系，说明收入分配与减贫之间存在 U 形关系，即在收入差距拉大初期，随着收入差距扩大，低收入群体居民人均消费呈现下降趋势，并且下降趋势明显高于高收入群体人均消费上升趋势，贫困逐渐加深，但是随着收入差距扩大到一定程度，高收入群体人均消费支出增长开始高于低收入群体人均消费支出的减少，并在一定程度上带动地区经济发展，反哺低收入群体，因此贫困呈现下降趋势。

表 5 - 5   经济增长、金融发展和收入分配与减贫之间的非线性关系

变量	(1)	(2)	(3)	(4)
p(-1)	0. 2245 *** (12. 12)	0. 2201 *** (2. 85)	0. 1992 *** (4. 75)	0. 2104 *** (4. 36)
p(-2)	0. 1524 *** (10. 22)	0. 1483 ** (2. 22)	0. 1384 *** (3. 94)	0. 1457 *** (3. 99)
finance	0. 0288 (0. 62)	0. 0040 (0. 11)	- 0. 0139 (-0. 38)	0. 0099 (0. 15)
finance2	- 0. 0015 *** (-0. 21)			0. 0012 (0. 15)
eg	0. 5514 *** (11. 03)	0. 5556 *** (9. 87)	- 0. 9932 ** (-2. 02)	- 0. 9665 (-1. 36)
eg2			0. 0778 *** (3. 00)	0. 0768 ** (2. 07)

续表

变量	(1)	(2)	(3)	(4)
incdis	0.2750 *** (4.42)	−0.9027 (−1.29)	0.3221 *** (4.61)	−0.1298 (−0.25)
incdis2		0.5792 ** (1.75)		0.2184 (0.84)
cons	−0.6878 (−1.49)	−0.1064 (−0.08)	7.2426 *** (3.46)	7.0868 ** (2.37)
edu	−0.1697 *** (−8.95)	−0.1522 *** (−4.74)	−0.1259 *** (−7.35)	−0.1244 *** (−6.44)
gov	−0.2260 ** (−7.03)	−0.2244 *** (−5.33)	−0.2011 *** (−5.8)	−0.1995 *** (−4.99)
inv	0.0958 (2.11)	0.0803 * (1.68)	0.1632 ** (2.33)	0.1159 (0.85)
tra	−0.0112 *** (−0.88)	−0.0056 (−0.28)	0.0101 (0.59)	0.0053 (0.21)
stru	0.6269 (8.57)	0.5646 *** (4.29)	0.5122 *** (6.12)	0.4425 ** (2.4)
obs	545	545	545	545
Sargan test	447.89	429.72	428.00	425.26
Prob > chi2	0.0000	0.0000	0.0000	0.0000

注：p(−1) 和 p(−2) 分别是减贫变量的一阶和二阶滞后项，括号内为各变量系数的 z 检验。 *** 、 ** 和 * 分别表示在1%、5% 和10% 的水平下显著。

（三）　经济增长对减贫的作用机制

金融发展、收入分配与经济发展的相关关系如表 5 −6 所示。

表 5 - 6 金融发展、收入分配与经济发展相关关系

变量	eg	incdis
eg	—	- 0. 1512 *** (- 7. 58)
incdis	- 0. 5968 *** (- 7. 58)	—
finance	0. 0377 (1. 44)	- 0. 0182 (- 1. 38)
edu	0. 7279 *** (21. 09)	0. 1975 *** (9. 15)
gov	0. 0527 (1. 01)	0. 2505 *** (10. 35)
inv	0. 6169 *** (9. 76)	- 0. 0219 (- 0. 64)
tra	0. 2636 *** (11. 97)	0. 0047 (0. 38)
stru	0. 323 ** (2. 55)	- 0. 2825 *** (- 4. 49)
cons	12. 4692 *** (39. 49)	3. 5071 *** (13. 07)
R^2	0. 8368	0. 3726
P	0. 0000	0. 0000

注：括号内为各变量系数的 t 检验。***、** 和 * 分别表示 1%、5% 和 10% 水平下显著。

第四节 本章小结

改革开放以来，伴随着经济增长，我国贫困发生率迅速下降，并于 2020 年完成全面脱贫任务。但是贫困边缘群体脆弱性明显，因此进一

步探索经济增长对巩固拓展脱贫攻坚成果的作用路径，有助于我国扎实推进共同富裕的总目标。本章利用系统 GMM 估计实证分析经济增长、收入分配和金融发展与减贫之间的关系，并进一步分析各变量之间的作用机制，得到以下几点结论：

首先，系统广义矩估计（GMM）分析结果表明，经济增长、金融发展和收入分配与减贫之间存在正相关关系，说明经济增长、金融发展和收入分配均有助于贫困的缓解。从估计结果可以看出，经济增长对减贫的贡献率明显高于金融发展规模的作用效果，且收入分配对减贫的贡献率最低，说明在经济发展过程中收入增长依然是降低贫困的主要因素，而通过调节收入分配减贫的政策效果并不明显。减贫的滞后项均高度显著，说明贫困缓解具有持续性。除此之外，教育水平、政府支出行为、对外开放程度、实物投资水平以及产业结构调整均会对减贫产生影响，其中实物投资水平越高、第三产业占比越高越有利于降低贫困。

其次，经济增长、金融发展和收入分配与减贫之间存在非线性关系，但是金融发展与减贫之间的非线性关系不明显。金融发展与贫困减缓之间存在正向关系，金融发展的平方项则对减贫具有负向效应，但是结果并未明显区别于零值。同时可以看到经济增长与减贫之间负相关，而经济增长的平方与减贫之间正相关，即经济增长与减贫之间存在 U 形关系，意味着在经济增长初期，经济增长首先惠及高收入群体，而随着经济不断发展，高收入群体开始带动贫困人口减贫，这个结果与"涓滴效应"吻合。收入分配与减贫之间存在负相关关系，而收入分配的平方则与减贫之间存在正相关关系，说明收入分配与减贫之间存在 U 形关系，即在收入差距拉大初期，随着收入差距扩大，贫困逐渐加深，但收入差距扩大到一定程度后，高收入群体开始反哺低收入群体，促进低收入群体居民收入提高，从而降低贫困。

最后，经济增长与金融发展之间存在正相关关系，与收入分配之间存在负相关关系，且金融发展和收入分配之间也存在负相关关系，说明金融发展一方面能够通过促进经济增长降低贫困，另一方面也能够通过缩小收入差距间接降低贫困。但是伴随着经济增长，收入分配差距也不断扩大，因此在经济增长减贫进程中，收入差距扩大必然会阻碍贫困的缓解。除此之外，受教育水平等异质性因素对经济增长均存在正向作用，意味着通过提高受教育水平等异质性因素促进经济增长能够间接缓解贫困问题。

综上可知，本章利用我国省级面板数据并采用系统 GMM 估计实证分析经济增长的减贫作用，研究发现经济增长对减贫具有正向效应，并且回归结果具有稳健性。金融发展能够通过促进经济增长和缩小收入差距间接缓解贫困问题，但是收入差距扩大则阻碍了经济增长的减贫作用，提高教育水平等异质性因素也能够通过促进经济增长间接缓解贫困问题。

第六章

三维贫困分解的离散效应：
政府补助的减贫机制

2016 年，国务院印发了《"十三五"脱贫攻坚规划》，指出要坚持精准扶贫、落实主体责任等原则，利用转移就业、异地搬迁和社会扶贫等手段，充分发挥政府主导作用和市场引导作用，增强贫困人口脱贫能力。2017 年财政部、扶贫办等六部门印发了《中央财政专项扶贫资金管理办法》，要求各省及时将资金分配到县，加强深度贫困地区脱贫攻坚的支持力度，切实管好用好财政专项扶贫资金，充分发挥资金使用效益。截至 2020 年，我国完成了绝对贫困标准下全面脱贫任务，但是贫困边缘群体脆弱性明显，因此如何进一步巩固拓展脱贫攻坚成果是我们当前要解决的问题。

国内外学者对于贫困问题的研究由来已久。部分学者主要通过定性分析研究中国贫困问题，认为精准扶贫和创新产业模式是减少贫困的主要方式（莫光辉，2017；赵鞞，2016；万君，2016；宫留记，2016；赵武和王姣玥，2015；姜长云，2017）。除此之外，部分研究人员通过构建数理模型实证分析我国脱贫问题：一方面，通过构建博弈模型，研究发现，实现脱贫必须明确政府与市场和贫困居民之间的关系，确立了政府在脱贫进程中的主体地位（储成勇，2007；张琦，2016）；另一方面，采用多元回归分析我国居民脱贫的影响因素（朱乾宇，2004；Bosco，2016）。目前，对于脱贫问题的实证研究主要采用多元回归分析，多元回归能够较好地分析各因素对贫困问题的影响程度，但是无法精准反映各因素的影响路径。而门限回归模型能够根据影响因素的非线性特征划分不同的组群，进一步刻画脱贫影响因素的作用路径。国外脱贫问题研究主要聚焦在跨国数据的比较上，更倾向于不同国家的福利政策比较；而国内对于贫困问题的研究主要聚焦于政府补助支出政策阻碍脱贫或有助于脱贫的角度，缺乏实证分析明确何种政府补助更有助于脱贫，何种政府补助会造成福利依赖。而本书基于这一研究缺口，选取中国政府补助支出进行研究，通过门限回归模型实证分析发现适宜的政府补助政策有助于减少贫困的发生，而过度的政府补助则会造成福利依赖。且由于政府再分配政策是调节国民收入分配的主要措施，因此本书选取中国家庭追踪调查（CFPS）数据，利用门限回归模型估计离散效应视角下的政府补助标准对城乡居民贫困的非线性影响，进一步研究政府补助政策在防返贫中的作用。

第一节　离散效应视角下收入分配的减贫机制分析

一、收入分配与政府补助关系分析

在缩小收入差距进程中，政府的再分配政策（个人所得税和社会保障等）起到重要作用。党的十八届三中全会审议通过的《中共中央关于全面深化改革若干重大问题的决定》指出，完善再分配调节机制的主要措施有社会保障、税收和转移支付。同时有研究表明，政府收入再分配政策不完善是发展中国家收入差距较大的主要原因，并且补贴低收入群体政策效果要明显优于向高收入群体征收所得税（徐静和蔡萌等，2018；Arnaldur et al.，2011；Wang and Koen，2011）。但是学术界对政府转移性支出调节收入分配政策效果存在争议，部分研究表明政府转移性支出会扩大居民收入差距（Immervoll and Richardson，2011；黄祖辉等，2003；杨天宇，2009），也有部分研究者认为政府转移性支出对收入分配影响效果不显著（Kathy et al.，2006），但是大部分研究表明政府转移支出是调节收入分配的重要政策工具之一，并且转移性支出政策对缩小居民收入差距具有显著影响（Harding，1997），政府转移性支出对大部分国家的收入分配调节具有明显作用效果（Wu et al.，2006；Kim and Lambert，2009；Caminada et al.，2012）。因此在离散视角下通过研究政府补助的减贫效应能够更好地解释收入分配不平等对贫困的影响机制。除此之外，本章在离散效应背景下研究不同政府补助政策及标准对贫困影响的非线性特征，能够进一步解释不同政府补助政策和标准对贫困影响效应的差异。

二、收入分配的减贫机理分析

在缩小收入差距进程中，政府的再分配政策（个人所得税和社会保障等）起到重要作用。有研究表明政府收入再分配政策不完善是发展中国家收入差距较大的主要原因，并且补贴低收入群体政策效果要明显优于向高收入群体征收所得税（徐静等，2018；Arnaldur et al.，2011；Wang and Koen，2011）。因此调节国家收入差距的重要途径是增强政府的再分配政策，即通过转移性支出等政府补贴政策使收入再分配向低收入群体倾斜。政府补贴政策一方面能够直接降低居民贫困，另一方面也能够缓解一国收入差距扩大趋势，进而间接缓解居民贫困问题。同时第五章研究表明，收入差距扩大必然会阻碍贫困的减缓，因此为了进一步解决收入分配差距扩大的恶贫效应，本章通过对政府补助减贫政策的研究，深入探析调节收入分配不平等的减贫机制。

在研究调节收入分配不平等的减贫机制时，首先构建初期收入分布函数 $F_0(y)$，如式（6.1）所示：

$$F_0(x) = \int_0^x f_0(y)dy, \ x \in [0, y^*] \tag{6.1}$$

其中，$f_0(y)$ 是收入的密度函数，且 $y_0 \sim (\bar{y}, \sigma_0^2)$。

在经济增长初期，贫困群体的收入分布函数如式（6.2）所示：

$$F_{0z}(y) = \int_0^z f_0(y)\,dy \qquad (6.2)$$

其中，z 表示贫困线，在图 6-1 中横轴和初期收入密度函数 $f_0(y)$ 之间从 0 到贫困线 z 的部分为初始贫困人口。

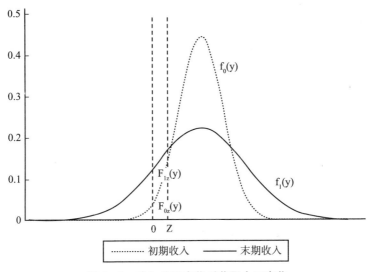

图 6-1　收入分配变化后贫困人口变化

接下来，构建代表收入分配不平等的基尼系数指标，如式（6.3）所示：

$$G = \frac{1}{2\bar{y}n^2} \sum_{i=1}^{n} \sum_{j=1}^{n} |y_i - y_j| \qquad (6.3)$$

为了接下来的计算，这里将式（6.3）的绝对值转换成平方项，整理得：

$$g = \frac{1}{2\bar{y}n^2} \sum_{i=1}^{n} \sum_{j=1}^{n} (y_i - y_j)^2$$

将方程展开可得：

$$g = \frac{1}{2\bar{y}n^2}\left[n\sum_{i=1}^{n} y_i^2 - 2\sum_{i=1}^{n} y_i \sum_{j=1}^{n} y_j + n\sum_{j=1}^{n} y_j^2 \right]$$

进一步整理可得：

$$g = \frac{1}{2\bar{y}}\left[\frac{1}{n}\sum_{i=1}^{n} y_i^2 - 2 \cdot \frac{1}{n}\sum_{i=1}^{n} y_i \cdot \frac{1}{n}\sum_{j=1}^{n} y_j + \frac{1}{n}\sum_{j=1}^{n} y_j^2 \right] \quad (6.4)$$

将收入的均值 $\bar{y} = \frac{1}{n}\sum_{i=1}^{n} y_i$ 和方差 $\sigma^2 = \frac{1}{n}\sum_{i=1}^{n} (y_i - \bar{y}) = \frac{1}{n}\sum_{i=1}^{n} y_i^2 - \bar{y}^2$

代入式（6.3）可得：

$$g = \frac{\sigma^2}{\bar{y}} \quad (6.5)$$

由式（6.5）可得基尼系数和收入均值以及方差之间的关系，即方差和基尼系数正相关，而均值和基尼系数负相关。

在初期收入〔式（6.1）〕的基础上，收入分配变化后，可得末期收入分布函数，如式（6.6）所示：

$$F_1(x) = \int_0^x f_1(y)\,dy, \ x \in [0, y^*] \quad (6.6)$$

此时 $y_1 \sim (\bar{y}, \sigma_1^2)$，由此可得初期和末期居民的基尼系数分别为：

$$g_0 = \sigma_0^2 / \bar{y}$$
$$g_1 = \sigma_1^2 / \bar{y}$$

而随着经济发展，贫困居民收入分配也不断变化，具体形式如式（6.7）所示：

$$F_{1z}(y) = \int_0^z f_1(y)\,dy \quad (6.7)$$

经济增长后，贫困人口由图 6-1 中收入密度函数 $f_1(y)$ 和横轴以及 0 到贫困标准 z 之间的部分表示。

假设末期收入的基尼系数大于初期收入基尼系数，即 $g_0 < g_1$，那么 $\sigma_0 < \sigma_1$，基于此可知 $F_{1z}(y) > F_{0z}(y)$，即随着居民收入分配不平等的扩大，收入分布函数更平缓，贫困人口存在上升趋势，反之，贫困人口减少，其变化趋势由图 6-1 所示。

第二节　离散效应视角下政府补助的统计性分析

政府补助是调节居民收入分配的主要政策，且政府是解决贫困问题的重要主体，政府补助福利政策是居民脱贫的一项重要措施。由图 6 - 2 可知，我国政府补助整体呈现上升趋势。2012 年获得政府补助高于 2000 元的人群密度明显高于 2010 年；2014 年获得政府补助高于 5000 元的人群密度明显上升，说明我国政府补助金额逐年提升，补助差距则存在缩小趋势。现行政府补助福利政策下政府补助和贫困之间是否具有非线性关系？政府补助福利政策能否有效减缓贫困？为解答上述问题，本书利用门限回归模型，进一步分析政府补助福利政策防返贫的作用机制。

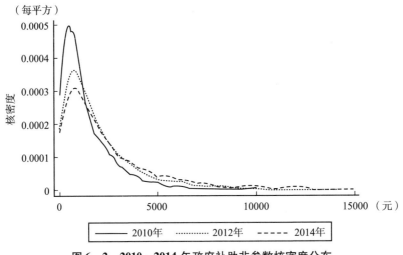

图 6 - 2　2010 ~ 2014 年政府补助非参数核密度分布

本章采用中国家庭追踪调查（CFPS）数据，选取各项政府补助福利政策脱贫样本，整理并分析各项政府补助福利政策脱贫作用效果。范和古拉蒂（Fan and Gulati，2008）通过对各种补贴和投资对印度农业增长与减贫的影响进行研究发现，投资农业研究、教育和农村道路是促进农业增长和减贫的三大有效公共支出项目，并提出了政府支出优先次序的改革方案。CFPS 数据表明，低保、退耕还林以及农业补助占我国政府补助的大部分，并且各项政府补助福利政策脱贫效果不一。2010～2012 年的数据表明，农村居民政府补助福利政策对我国农村居民的脱贫作用较差，救济金、赈灾款、低保以及其他政府补助脱贫效果相对较好，脱贫比例分别达到 6.67%、5.05% 和 7.84%，但是五保户补助、特困补助和工伤人员抚恤金对脱贫的作用几乎为零；政府补助福利政策对我国城镇居民的脱贫作用相对较大，除五保户补助和工伤人员抚恤金脱贫效果差之外，其他政府补助项目脱贫比例均达到 10% 以上，救济金、赈灾款补助脱贫比例甚至达到 20%（见表 6-1）。2010～2012 年的数据表明，城镇各项政府补助福利政策脱贫效果强于农村，并且救济金、赈灾款的脱贫效果最好。但是，五保户补助和工伤人员抚恤金脱贫效果几乎为零，达不到理想的脱贫效果。

表 6-1　　　　　　　2010～2012 年各项政府补助脱贫比例

政府补助	农村			城镇		
	补助户数（户）	脱贫户数（户）	脱贫比例（%）	补助户数（户）	脱贫户数（户）	脱贫比例（%）
低保	773	39	0.0505	359	59	0.1643
退耕还林	484	12	0.0248	96	18	0.1875
农业补助	2698	38	0.0141	732	95	0.1298
五保户补助	30	0	—	4	0	—
特困户补助	14	0	—	23	3	0.1304
工伤人员抚恤金	3	0	—	8	0	—
救济金、赈灾款	15	1	0.0667	10	2	0.2000
其他政府补助	51	4	0.0784	107	12	0.1121

资料来源：CFPS 数据。

"十二五"期间，脱贫问题依然是全面建设小康社会的主要问题。2012～2014年城乡各项政府补助福利政策脱贫效果更加显著。2012～2014年除了五保户补助和工伤人员抚恤金之外，农村居民其他各项政府补助福利政策脱贫比例均达到10%以上，其中低保和救济金、赈灾款补助脱贫比例分别达到15.07%和15.38%。2012～2014年城镇救济金、赈灾款补助脱贫比例达到35.71%，比2010～2012年脱贫效果增长78.55%；2012～2014年城镇的农业补助脱贫比例要低于农村比例，五保户补助和特困户补助效果不显著，脱贫效果几乎为零，说明2012～2014年城乡救济金、赈灾款脱贫效果最好，五保户补助脱贫效果最差，但是总体上各项政府补助福利政策均有一定的脱贫效果。由表6-1和表6-2可知，我国城乡居民政府补助福利政策中低保和救济金、赈灾款脱贫效果显著，而五保户补助和工伤人员抚恤金脱贫效果最差。同时，对于农村居民来说，农业补助和退耕还林补助是其补助的主要来源，对其脱贫具有重要作用。

表6-2　　　　　　　2012～2014年各项政府补助脱贫比例

政府补助	农村			城镇		
	补助户数（户）	脱贫户数（户）	脱贫比例（%）	补助户数（户）	脱贫户数（户）	脱贫比例（%）
低保	823	124	0.1507	412	61	0.1481
退耕还林	514	66	0.1284	113	13	0.1150
农业补助	2790	416	0.1491	784	13	0.0166
五保户补助	30	2	0.0667	5	0	—
特困户补助	24	3	0.1250	29	0	—
工伤人员抚恤金	2	0	—	7	1	0.1429
救济金、赈灾款	13	2	0.1538	14	5	0.3571
其他政府补助	87	10	0.1149	184	12	0.0652

资料来源：CFPS数据。

由表6-3可以看出，城镇各项政府补助大体呈现下降趋势，而农村各项政府补助则呈现上升趋势，说明我国对发展农村经济投入比例增大，同时农业补助与退耕还林补助基本处于上升趋势，表明我国各项支农惠农政策落实情况良好。虽然我国城乡居民政府补助福利政策中工伤人员抚恤金补助最多，但是脱贫效果并不显著，说明我国医疗保障制度不健全，"因病返贫"情况依然存在；同时说明我国工伤人员抚恤金补助标准较低，并不足以满足工伤治疗的基本需求。五保户补助和特困户补助脱贫效果均不明显，说明五保户补助和特困户补助标准较低，不能满足贫困居民的基本生活需求，因此应加大我国五保户和特困户补助投入力度。

表 6-3　　　　　　　　2012~2014 年各项政府补助均值　　　　　　单位：元

政府补助	2012 年城镇	2012 年农村	2014 年城镇	2014 年农村
低保	3255.863	1518.574	3049.428	1479.43
退耕还林	449.3043	638.2206	522.913	649.0143
农业补助	426.4344	493.7318	373.9599	506.9356
五保户补助	1425	1587.855	1883.333	1604.439
特困户补助	1389.333	1231.5	1169.375	811.875
工伤人员抚恤金	8555.556	5283.333	6500	5380
救济金、赈灾款	1797.8	526.0303	1399.583	656.907
其他政府补助	3552.632	2421.517	2758.627	2550.477

资料来源：CFPS 数据。

第三节　离散效应视角下政府补助减贫的非线性特征分析

一、模型的构建

门限回归模型如式（6.8）所示：

$$y_i = \beta_1' x_i I(q_i \leq \gamma_1) + \beta_2' x_i I(\gamma_1 < q_i \leq \gamma_2) + \beta_3' x_i I(q_i > \gamma_2) + e_i \quad (6.8)$$

其中，y_i 是因变量，x_i 是自变量，q_i 为门限变量（门限变量可以为自变量），e_i 为残差项。$I(\cdot)$ 为示性函数，当门限变量 $q_i \leq \gamma$ 时，$I(q_i \leq \gamma) = 1$，$q_i > \gamma$ 时，$I(q_i > \gamma) = 0$。式（6.8）可进一步写成如式（6.9）所示的紧凑形式：

$$y_i = \beta' x_i(\gamma) + e_i \qquad (6.9)$$

其中，$x_i(\gamma) = (x_i I(q_i \leq \gamma) x_i I(q_i > \gamma))'$，$\beta = (\beta_1' \beta_2')'$。对任意给定的 γ，进行最小二乘估计便可获得式（6.9）的待估参数 β 的估计值以及残差平方和 $S_1(\gamma)$，如式（6.10）和式（6.11）所示：

$$\hat{\beta}(\gamma) = (x(\gamma)'x(\gamma))^{-1} x(\gamma)'y \qquad (6.10)$$

$$S_1(\gamma) = \hat{e}_i'(\gamma)\hat{e}_i(\gamma) \qquad (6.11)$$

而对于门限回归模型来说，最关键的在于门限值的确定，汉森（Hansen，1999）建议将门限变量 q_i 的全部取值均作为备选门限值，并通过最小二乘估计，使得残差平方和 $S_1(\gamma)$ 最小的 γ 即为估计的门限值，如式（6.12）所示：

$$\hat{\gamma} = \arg\min S_1(\gamma) \qquad (6.12)$$

在对横截面数据进行分析时，有可能存在异方差的情况，这时估计则需采用怀特异方差修正来得到稳健的回归系数标准误（稳健标准误或怀特异方差一致标准误）。

在得到门限估计值后，为保证模型的准确性，需要进一步检验以下两个问题：其一，检验门限效应的显著性和门限值的个数；其二，检验门限估计值的一致性，验证在大样本情况下所估计的门限值 γ 是否与真实门限值 γ_0 一致。

对于单门限模型，检验是否存在门限效应的假设检验为 H_0：$\beta_1' = \beta_2'$，对应的拉格朗日乘数（LM）检验的 F 统计量如式（6.13）所示：

$$F_1 = \frac{S_0 - S_1(\hat{\gamma})}{\hat{\sigma}_1^2} \qquad (6.13)$$

其中，S_0 表示零假设条件下即不存在门限效应情况下的残差平方和，S_1 表示备择假设条件下即存在门限效应情况下的残差平方和。在零假设成立的条件下，门限值无法识别，导致传统检验统计量的分布是非标准的。为此，汉森（Hansen，1996）通过自助抽样法（Bootstrap）来计算式（6.13）的 P 值，如果小于给定的显著水平，则拒绝零假设。

而要确定门限值的个数，可重复通过上述方法，在得到第二个门限估计值的基础上检验其显著性，此时的零假设为 H_0：存在唯一门限值，H_1：备选假设为存在两个门限值。对应的 LM 检验的 F 统计量如式（6.14）所示。其中，S_2 和 $\hat{\sigma}_2^2$ 分别是式（6.14）的残差平方和，以及残差方差的估计值。而由此得到的双门限模型可表示为式（6.15）的形式：

$$F_2 = \frac{S_1(\hat{\gamma}_1) - S_2(\hat{\gamma}_2)}{\hat{\sigma}_2^2} \tag{6.14}$$

$$y_i = \beta_1' x_i I(q_i \leqslant \gamma_1) + \beta_2' x_i I(\gamma_1 < q_i \leqslant \gamma_2) + \beta_3' x_i I(q_i > \gamma_2) + e_i \tag{6.15}$$

在获得第二个门限后，还需要重新检验第一个门限值，因为第一个门限值是在零假设为不存在门限的条件下得到的，并不具备一致性。由此可利用如下方式重新估计第一个门限值，即反过来先假设 γ_2 为第一个门限 γ_2^*，从而获得使残差平方和最小的另一门限值 γ_1^*，及对应的残差平方和 $S_1^*(\gamma_1)$，如式（6.16）和式（6.17）所示。重复上述步骤可依次检验三门限、四门限甚至更多门限的模型，直至不再拒绝零假设为止，从而最终确定门限个数。

$$\hat{\gamma}_1^* = \text{argmin} S_1^*(\gamma_1) \tag{6.16}$$

$$S_1^*(\gamma_1) = \begin{cases} S(\gamma_1, \ \hat{\gamma}_2^*), & \text{如果 } \gamma_1 < \hat{\gamma}_2^* \\ S(\hat{\gamma}_2^*, \ \gamma_1), & \text{如果 } \gamma_1 > \hat{\gamma}_2^* \end{cases} \tag{6.17}$$

最后，需要关注上述所有门限估计值的一致性检验问题，这里是通过极大似然法来检验门限值 γ。假设检验为 H_0：$\gamma = \gamma_0$，H_1：$\gamma \neq \gamma_0$，似然比统计量如式（6.18）所示：

$$LR_n(\gamma) = \frac{S_n(\gamma) - S_n(\hat{\gamma})}{\hat{\sigma}_n^2} \tag{6.18}$$

汉森（Hansen，2000）则进一步证明了对于给定的置信水平 α，当

$LR_n(\gamma) \leqslant -2\ln(1 - \sqrt{1-\alpha})$ 时，不能拒绝零假设，从而通过求解不等式便可得到其渐进置信区间。而如果在分析横截面数据时存在异方差的情形，则需要定义一个新的似然比统计量，如式（6.19）所示：

$$LR_n^* = \frac{LR_n(\gamma)}{\hat{\varphi}^2} = \frac{S_n(\gamma) - S_n(\hat{\gamma})}{\hat{\sigma}_n^2 \hat{\varphi}^2} \tag{6.19}$$

式（6.19）中的 φ^2 可以通过计算 Nadaraya - Watson 核估计量得到，其形式如式（6.20）所示：

$$\hat{\varphi}^2 = \frac{\sum\limits_{i=1}^{n} K_h(\gamma - q_i)(\beta' x_i)^2 \hat{e}_i^2}{\sum\limits_{i=1}^{n} K_h(\gamma - q_i)(\beta' x_i)^2 \hat{\sigma}^2} \tag{6.20}$$

其中，$K_h(u) = h^{-1} K(u/h)$ 是带宽为 h 的核函数，带宽 h 的选择应遵循最小均方误差准则。

二、数据指标及回归方程设定

（一）贫困线及变量的选取

本章主要选取 CFPS 数据中有关收入与政府补助的变量，进行微观数据分析，在考察微观个体异质性的基础上进行研究，更能代表我国居民脱贫效果的动态变迁。绝对贫困线划分标准主要在于是否满足居民的基本需求，而相对贫困线则避开基本需求这一概念，将划分重点放在收入上。区分绝对贫困线和相对贫困线对脱贫问题的研究至关重要（陈立中，2008；姚建平，2009）。闫坤和孟艳（2016）通过对国内外反贫困问题的比较分析发现，发展中国家界定贫困标准的方法主要是绝对贫困线度量方法，认为发展中国家贫困人口属于绝对意义上的物质生存贫困。目前，我国采用绝对贫困线标准来确定"低保线"，但是随着我国经济飞速发展，这一标准明显被低估（王晓琦，2015）。王小林（2012）认为中国的减贫事业已经进入瞄准相对贫困的阶段，并提出新阶段中国减贫战略除了要关注绝对贫困外，还要关注相对贫困以及主观贫困和多维贫困。陈立中和张建华（2006）利用交叉法分析了7个城市的主观贫困线，发现主观贫困线与相对贫困线测算结果基本相同，并且远高于"低保户"贫困线，说明采用主观贫困线与相对贫困线能够更好地测度一国贫困标准，并且相对贫困线能更好地表现贫困的本质。陈宗胜等（2013）利用非参数核密度估计法测度绝对贫困和相对贫困线，发现相对贫困线能更好地描述贫困问题。池振合和杨宜勇（2012）通过对各个贫困线指标进行深入研究，认为相对贫困线是研究贫困问题最适宜的指标，因此本章选取相对贫困线这一指标来研究中国的脱贫问题。本章采用由汤森德（Townsend）提出的相对贫困线划分法对贫困线进行测度。首先确定2010~2014年各年的相对贫困线，一般选取均值或中位数的一定百分比作为相对贫困线，本章选取中位数的50%作为各年的贫困线。然后确定各年贫困群体，处于贫困线以下的居民为贫困群体，记为1，处于贫困线以上的居民为非贫困群体，记为0。最后确定城乡居民是否脱贫，2010~2014年若城乡居民由贫困群体变为非贫困群体，则为脱贫居民，记为1，否则记为0。

除此之外，本章选取各项政府补助福利政策作为控制变量，主要有低保，退耕还林，农业补助，五保户补助，特困户补助，工伤人员抚恤金，救济金、赈灾款以及其他政府补助，选取政府补助总额作为门限变量。本章首先筛选出获得各项政府补助的居民数据，并明确获得各项补助的居民是否在2010~2014年脱贫，进而确定城乡居民获得各项政府补助的脱贫比例；接下来，本书利用门限模型估计政府补助总额对城乡居民脱贫效应是否存在非线性特征；最后，利用门限模型回归估计在不同门限下政府补助福利政策的脱贫效果。

（二）我国城乡居民脱贫的门限回归模型构建

首先建立城镇居民各项消费的支出方程，如式（6.21）所示。

$$y = \beta_0 + \beta gov + \sum_{j=1}^{n} \delta_j x_j + \varepsilon_i \qquad (6.21)$$

其中，y 表示城乡居民是否脱贫；gov 表示城乡居民获得的政府补助总额；x_j 表示政府补助福利政策的控制变量，如低保，退耕还林，农业补助，五保户补助，特困户补助，工伤人员抚恤金，救济金、赈灾款等政府补助福利政策；β 表示政府补助脱贫的边际效应，它是划分政府补助的重要依据；ε_i 为残差项；β_0 和 δ_j 为待估参数。

由于政府补助标准不同会导致脱贫效果存在差异，所以本章选择政府补助作为门限变量，进而刻画政府补助对脱贫的非线性影响。当城乡居民是否脱贫仅存在一个政府补助标准门限时，式（6.21）将转变为式（6.22）所示的形式：

$$y = \beta_0 + \beta_1 govI(gov \geqslant \gamma) + \beta_2 govI(gov < \gamma) + \sum_{j=1}^{n} \delta_j x_j + \varepsilon_i$$

$$(6.22)$$

其中，γ 为脱贫的政府补助门限值。当存在两个门限值时，将会把政府支出分为三个阶段。城乡之间门限个数是存在差异的，可能更多，也可能不存在门限。

三、实证结果及分析

表 6-4 给出了我国城乡居民脱贫影响因素中政府补助的门限估计结果，相关结果采用汉森（Hansen，2000）截面数据程序包，采用 STATA 12 软件得到。该门限估计值在 95% 的置信区间上通过了一致性检验，利用 F 值和 P 值来检验门限值是否显著，Bootstrap 重复次数为 300 次。例如，2012 年农村居民政府补助存在双重门限，双重门限值分别为 380 元和 7735 元，分别处于置信区间 [330, 2640] 和 [180, 10000] 之间，并且 F 值为 10.132，P 值为 0.003，因此拒绝不存在门限值的原假设。同时，表 6-4 给出的门限估计值均在 1% 的水平下显著，虽然 2014 年农村居民政府补助仅有一个门限值，但是从表 6-4 可以看出城乡居民政府补助对脱贫的影响均存在显著的非线性特征。根据政府补助标准将贫困居民分为不同组群，政府补助标准的高低直接影响贫困居民

能否脱贫，并且不同组群贫困居民脱贫效果存在差异性，因此政府补助对城乡居民脱贫影响存在非线性特征。

表 6 - 4　　　　　　　　2012～2014 年城乡政府补助门限值

项目	门限效应			
	门限值（元）	95% 置信区间	F 值	P 值
2012 年农村	380 7735	[330, 2640] [180, 10000]	10.132 ***	0.003
2012 年城镇	3000	[330, 3000]	14.620 ***	0.003
2014 年农村	3200	[1300, 19000]	9.018 ***	0.003
2014 年城镇	9600	[1500, 22000]	5.448 ***	0.010

注：*** 表示在 1% 的水平下显著。
资料来源：CFPS 数据。

政府补助标准差异化使政府补助福利政策效果存在非线性特征，由表 6 - 4、表 6 - 5 可知：

第一，2012 年农村政府补助的双重门限值在 1% 的水平下显著，门限值分别为 380 元和 7735 元，说明 2012 年农村不同政府补助标准脱贫效果存在较大差异。政府补助标准超过 7735 元，政府补助政策脱贫效果不显著，结合表 6 - 6 可以看出该部分政府补助主要为低保、特困户补助和工伤人员抚恤金，说明获得这部分补助的人员资金缺口较大，即使给予大量补助，对贫困居民摆脱贫困也不起作用；补助标准处于 380 元到 7735 元之间，政府补助脱贫效果在 1% 的水平下显著，脱贫概率要提高 28.76%，该部分补助主要为低保、退耕还林和农业补助，说明这三种补助在农村脱贫路径中效率最高（这部分人处于贫困中层，即有补助就可以脱贫）；而政府补助标准低于 380 元则其脱贫效果存在负向效应（在 1% 的水平下显著），使得农村居民存在返贫的潜在风险，并且返贫风险较高，达到 2.23 倍，该部分补助主要为农业补助，说明单纯的农业补助金额较低，不足以脱贫，配合低保和退耕还林补助效果较好。由上述分析可知，低保补助脱贫效果最好；虽然工伤人员抚恤金补助标准较高，但是该部分人群资金缺口较大，因此脱贫效果不佳；农业补助和退耕还林补助对脱贫具有一定作用，但是由于该部分补助标准较低，难以达到理想的脱贫效果。由表 6 - 6 可以看出，政府补助标准较低时，收入较低群体可获得更多补助，收入较高群体获得的补助较少，这符合我国现实国情，也符合补助规律；但是当政府补助标准过高时，获得高政府补助群体对应高收入群体，而收入较低群体获得的政府补助较低，主要原因在于政府补助具有持续性，初始收入较低群体获得高政府补助后，总体收入要高于原本收入较高的群体。初始收入较低群体无须努力工作就可通过政府补助获得较高收入水平，因此这一群体会出现福利依赖性。以上研究表明，过低的政府补助无法满足贫困居民的基本生活消费，进而无法激发贫困居民增收能力，因此脱贫效果呈现负向效应；而过高的政府补助会加深贫困居民对扶贫项目福利的依赖性，降低其创收能力，使得政府补助福利政策脱贫效果不显著。戈特沙尔克等（Gottschalk et al.，1994）通过对贫困、收入和福利与一代人的关系研究发现长期贫困和福利之间存在相关关系，认为福利依赖使得居民世代贫困化。因此，过高的政府补助会使贫困居民陷入福利依赖，致使居民贫困发生率上升。

表 6 - 5 　　　　　　　　　2012 ~ 2014 年城乡政府补助门限回归

解释变量	2012 年农村脱贫	2012 年城镇脱贫	2014 年农村脱贫	2014 城镇脱贫
	双重	单重	单重	单重
补助支出_1	-0.0108 (-0.17)			
补助支出_2	0.2876 *** (3.84)			
补助支出_3	-2.2311 *** (-3.49)			

续表

解释变量	2012 年农村脱贫	2012 年城镇脱贫	2014 年农村脱贫	2014 城镇脱贫
	双重	单重	单重	单重
补助支出_1		−0.0066 (0.29)		
补助支出_2		−0.4405 *** (−3.22)		
补助支出_1			0.0459 (1.54)	
补助支出_2			−0.2461 ** (−2.4)	
补助支出_1				−0.0029 (−0.16)
补助支出_2				0.1589 ** (2.24)
低保	−0.0556 ** (−2.51)	0.0991 *** (4.63)	0.0716 (1.57)	0.0829 ** (2.32)
退耕还林补助	−0.0248 (−1.11)	0.1159 *** (3.54)	0.0407 (0.87)	0.0737 (1.56)
农业补助	−0.0020 (−0.13)	0.0517 *** (3.81)	0.0627 (1.43)	0.1164 *** (3.53)
五保户补助	−0.0014 (−0.02)	−0.0740 (−0.48)	−0.0279 (−0.31)	−0.0880 (−0.42)
特困户补助	−0.1108 (−1.05)	0.0577 (0.89)	0.0172 (0.18)	−0.0811 (−1.04)
工伤抚恤金	−0.2523 (−1.11)	−0.0824 (−0.74)	−0.1054 (−0.39)	0.1244 (0.76)
救济金、赈灾款	−0.0920 (−0.9)	0.1257 (1.28)	0.0439 (0.37)	0.2860 *** (2.83)

注：括号内为各变量系数的 t 检验。***、** 和 * 分别代表在 1%、5% 和 10% 的水平下显著。

资料来源：CFPS 数据。

表 6 - 6　　　　　　　　2012 年门限效应下政府补助统计性描述

	2012 年农村			2012 年城镇	
	低于 380 元	380 ~ 7735 元	高于 7735 元	高于 3000 元	低于 3000 元
低保	1.8018	421.8103	2951.8520	4597.6240	65.1439
退耕还林补助	6.51718	140.0303	358.1481	65.40601	9.0429
农业补助	86.3425	561.7485	169.1111	302.1675	71.7260
五保户补助	0.3575	32.3095	0.0000	18.2741	1.1541
特困户补助	0.4143	9.7680	814.8148	134.5178	3.5393
工伤人员供养	0.0000	7.1856	462.9630	374.2132	0.7647
救济金、赈灾	0.6536	12.3084	0.0000	186.5736	1.9095
其他政府补助	1.2411	68.7231	6433.3330	1687.3050	19.4111
收入均值	28160.88	25207.67	35647.12	29383.77	43977.40

资料来源：CFPS 数据。

　　第二，2012 年城镇政府补助存在一阶门限值（在 1% 的水平下显著），门限值为 3000 元。由表 6 - 6 可知，政府补助标准低于 3000 元时，政府补助主要为低保和农业补助，并且这两项补助标准较低，此时城镇居民更容易陷入贫困，政府补助每增加 1 单位，陷入贫困的概率会增加 44.05%，因此城镇政府补助过低存在返贫风险；当政府补助标准高于 3000 元时，政府补助主要为低保，表明低保补助脱贫效果较好。同时由表 6 - 5 可知，低保、农业补助和退耕还林补助对脱贫效果具有正向效应，说明提升城镇居民低保补助有利于城镇居民脱贫。同时，基于门限效应统计分析可以看出，当政府补助低于 3000 元时，政府补助标准随收入提高而降低。

　　第三，2014 年农村政府补助存在一阶门限值，门限值为 3200 元，政府补助标准高于 3200 元更容易脱贫。由表 6 - 7 可知，2014 年农村政府补助主要为低保和农业补助，但是补助标准低于 3200 元时，低保补助较低，返贫概率增加 24.61%；而高于 3200 元时，低保补助明显增加，并且农业补助变化不大，低保对居民脱贫效果存在正向效应，说明低保是降低我国居民贫困的主要来源，提高低保补助标准能有效降低我国贫困率。

表 6 – 7　　　　　　　**2014 年门限效应下政府补助统计性描述**

	2014 年农村		2014 年城镇	
	低于 3200 元	高于 3200 元	高于 9600 元	低于 9600 元
低保	198.2314	374.2892	499.5177	518.7129
退耕还林补助	72.6552	140.1582	14.2411	25.7186
农业补助	353.5054	366.4546	76.4843	185.9519
五保户补助	13.8924	34.3454	9.5198	8.9315
特困户补助	4.2434	12.6104	12.7349	12.4062
工伤人员供养	4.5552	11.4056	14.8643	4.0783
救济金、赈灾	7.0551	7.3141	12.2182	5.7096
其他政府补助	52.8312	138.0281	211.8497	100.1297
门槛收入均值	35705.7	37180.24	54795.5	40073.62

资料来源：CFPS 数据。

第四，2014 年城镇政府补助存在一阶门限值（在 1% 的水平下显著），门限值为 9600 元。由表 6 – 7 可知，政府补助标准高于 9600 元时，政府补助主要为低保和其他政府补助，居民脱贫效果不显著；而政府补助低于 9600 元的脱贫概率增加 15.89%，该部分补助主要为低保和农业补助，由表 6 – 5 可知低保和农业补助对脱贫呈现正向效应，并且低保补助比例较大，说明对于城镇居民来说更容易通过低保补助摆脱贫困，因此我国应加大低保补助比例。但是当政府补助标准门限值高于9600 元时，政府补助标准随收入提高而上升，即较高的政府补助对应高收入群体，而低政府补助对应低收入群体，这与低收入群体应获得更多补助这一现实情况不符。由此可以说明，过高的政府补助会造成贫困居民对政府福利政策的依赖性，进而降低其增收热情。因此，我国应降低政府资金补助，创新政府补助福利政策模式，改变单纯的资金补助形式，增加就业补助等形式。

由上述实证分析可知，不同的政府补助标准直接影响政府补助福利政策的脱贫效果。城乡居民政府补助分组效应不一致，2012 年农村政府补助标准脱贫效果最显著的区间为 380~7735 元，在这一区间内政府补助福利政策脱贫效果最好；2012 年城镇政府补助标准高于 3000 元时脱贫效果最显著，即政府补助高于 3000 元时脱贫效果最好；2014 年农村政府补助标准高于 3200 元时脱贫效果最显著，即政府补助高于 3200 元时更有助于居民脱贫；2014 年城镇政府补助低于 9600 元时脱贫效果最显著，过高的政府补助会造成福利依赖，不利于居民脱贫。因此农村居民政府补助福利政策脱贫效果最显著的区间为 3200~7735 元，城镇政府补助福利政策脱贫效果最显著的区间为 3200~9600 元。我国制定政府补助标准时应参考当地物价与收入水平，确定合理的政府补助标准，防止出现政府补助过低导致的政策无效现象或政府补助过高导致的福利依赖现象，福利依赖会增加居民返贫风险。

第四节　本章小结

由于政府补助福利政策效果存在明显的门限效应，因此我们必须区分政府补助福利政策的作用方式，采取最优政府补助福利政策解决中国贫困问题。为了制定高质量的政府补助政策，本章采用家庭追踪调查数据（CFPS）对各项政府补助福利政策的脱贫效果进行研究，并利用门限回归模型具体测度政府补助对脱贫的作用机制，从而为研究我国居民贫困问题提供理论与现实依据。本章通过门限模型实证分析得出以下结论：

首先，政府补助标准存在明显的门限特征。2012 年农村政府补助标准存在二阶门限值，而 2012 年城镇政府补助标准与 2014 年城乡政府补助标准均存在一阶门限值。同时通过门限估计发现我国农村政府补助标准为 3000~8000 元时脱贫效果最好，而城镇政府补助标准脱贫效果最佳区间为 3200~9600 元，结果表明我国政府补助福利政策对贫困居民脱贫的影响已不再具备整体性特征，并且仅当政府补助达到一定标准时，政府补助福利政策才能促进贫困居民脱贫。

其次，城乡居民低保补助脱贫效果最佳，但是工伤人员抚恤金和五保户补助脱贫效果较差。同时，农村居民农业补助与退耕还林补助标准较低，不足以促使贫困居民摆脱贫困，需要结合低保补助，才能达到脱贫效应。

最后，城乡居民政府补助福利政策脱贫效应存在显著的非线性特征，不同政府补助标准脱贫效果存在临界效应。当政府补助标准门限值过高时，获得高政府补助群体收入要明显高于低收入群体收入；而当政府补助门限值处于合理范围时，低收入群体能够获得更高的政府补助，符合现实经济状况。这说明过高的政府补助导致福利依赖，脱贫效果不显著，甚至增加居民返贫风险；过低的政府补助标准导致政府补助福利政策无效，居民脱贫效果不显著。

第七章

三维贫困分解的异质效应：
教育异质性的减贫机制

改革开放以来，我国经济快速发展，居民生活水平也随之提高。截至 2019 年底，我国贫困发生率下降到 0.6％，脱贫攻坚已经取得了巨大成效，2020 年，我国完成绝对贫困标准下的全面脱贫任务。但是，低收入群体存在返贫趋势，"增长性贫困"愈发严重——伴随着经济增长，居民贫困程度有所下降，但由于收入分配不均，使得低收入人群很难享受经济增长带来的好处（陈书，2012）。不可否认，收入增长确实具有减贫效应，收入差距扩大则具有恶贫效应（沈扬扬，2013），但收入增长减贫效应已经很难弥补收入差距扩大带来的恶贫效应，因此在巩固拓展脱贫攻坚成果进程中有可能出现返贫趋势。纵观现有文献可以发现，在全面脱贫背景下，居民异质性因素在巩固拓展脱贫攻坚成果中的作用更加突出，其中受教育程度差异是影响一国居民贫困的重要因素。前几章的研究表明，一方面，提高受教育程度能够间接地通过提升居民收入水平和缩小收入差距缓解居民贫困；另一方面，随着受教育水平的提高，教育异质性能够直接作用于减贫，提高居民自主性减贫能力，因此在异质性视角下进一步探讨教育在巩固拓展脱贫攻坚成果中的作用机制具有重要的现实意义与理论意义。

第一节　异质效应视角下教育异质性
减贫机理分析

一、教育异质性与贫困的关系分析

国外学者对于人力资本与经济关系的研究较早，多数学者认为教育投资是人力资本积累的重要组成部分，二者之间存在显著的正相关关系。最初森（Sen）通过比较效用提出了用能力来衡量贫困的新方式，极大拓展了理解贫困的视野。同时，舒尔茨提出了使发展中国家走出困境的"人力资本理论"。舒尔茨通过测算美国 1929～1957 年国民经济增长贡献额发现，其中大概有 33% 的贡献额来自教育投资形成的人力资本，并且他认为提高受教育程度是降低收入不均的重要途径。但是由于理论和研究条件的限制，舒尔茨的人力资本理论在受教育程度和收入关系的实证分析方面有所欠缺。克鲁格（Krueger）和林达尔（Lindahl）于 2001 年通过对 20 世纪的经济增长和受教育程度进行实证分析发现，虽然不同国家在不同时间段受教育程度对收入增长影响程度有所差异，但是在美国，受教育程度每提升一年，居民收入将提高 10%。哈努谢克和沃斯曼因（Hanushek and Woessmann，2007）利用数据分析发现，受教育年限每增加 1 年，经济增长将提高 0.58 个百分点，并认为教育质量是提升经济的重要因素，进一步完善了人力资本理论。2010 年新西兰国家统计局调查数据表明，随着教育程度的提升，个人收入会不断上涨。实证方面，黑崎和坎（Kurosaki and Khan，2010）通过对巴基斯坦人力资本和贫困关系的研究发现，教育投资在减贫进程中起到重要作用。而国内学者研究发现，教育投资对国内减贫效果十分显著（Cheng et al.，2002；蒋选和韩林芝，2009；林迪珊、张兴祥和陈毓虹，2016），教育扶贫在解决我国贫困问题中占据重要地位（王春超和叶琴，2014；

王嘉毅、封清云和张金，2016；祝建华，2016；范平花，2017）。刘修岩等（2007）采用上海市农调队调查数据并利用 Probit 模型实证研究发现，农户受教育年限每增加 1 年，陷入贫困概率下降 7.51%。柳建平和刘卫兵（2017）采用甘肃 14 个贫困村的入户调查数据，通过半对数模型和 Logit 模型研究发现，农户劳动力教育水平的提高能显著地降低农户家庭陷入贫困的概率，特别是高中（中职）教育对降低贫困的效应更为显著。与此同时，也有研究表明教育和贫困之间并不存在明显关系，教育并不具有显著的减贫效应（Teal，2011）。杨国涛（2006）利用宁夏农村调查数据研究发现，教育对贫困的影响不显著。程名望等（2014）利用分位数回归表明健康减贫作用大于教育减贫，但是随着贫困线标准调整和收入提高，教育的作用将逐步体现。同时还有学者研究发现，以教育投资为主的人力资本支出不利于降低贫困。古斯塔夫森和李实（Gustafsson and Li，2004）利用 1988～1995 年中国 18 个省份的数据实证发现，随着中国农村家庭教育支出的增加，农村减贫进程愈加缓慢。而单德朋（2012）对教育质量和平均受教育年限的权衡替代研究发现，教育支出的减贫效果不显著，且现阶段教育效能对农村减贫的整体作用为负。纵观现有文献研究结果发现，教育对贫困的影响具有不确定性，正如克鲁格和林达尔（Krueger and Lindahl，2001）的研究，教育回报率并非一成不变的，在不同国家不同历史时期教育对贫困的影响是存在差异的。为了进一步探索教育对巩固拓展脱贫攻坚成果的作用机制，本章选取家庭微观调查数据分析不同区域环境下教育对贫困的影响效应，深入探讨异质效应视角下教育巩固拓展脱贫攻坚成果的长效机制。

二、教育异质性对贫困的影响机理分析

全面建设小康社会离不开教育的发展，教育积累是实现一国持续发展的必由之路。近年来，我国经济迅速发展，教育行业也取得了长足进步。教育能够提高居民收入并降低贫困得到了广泛认同（Behrman and

Taubman，1990；Dasgupta et al.，1998；邹薇和张芬，2006；李晓嘉，2015），其推进经济发展的作用还存在巨大潜力。本章正是基于教育减贫这一基本论调进行研究。

本章首先构建卢卡斯的内生化的经济增长和人力资本投资的生产函数理论模型：

$$Y_t = AK^{\alpha} [u(t)h(t)N(t)]^{1-\alpha} h_{\theta}^{\gamma}$$

其中，Y_t 是产出，K 是资本存量，u 是劳动时间，h 是人力资本水平，N 是人口数，A 是外生参数，h_{θ} 是平均人力资本。在生产函数基础上进行对数化得到：

$$\log Y_t = \log A + \alpha \log K + (1-\alpha)[\log u + \log h + \log N] + \gamma \log h_{\theta}$$

进一步整理可得人均产出对数：

$$\log Y_t / N = \log A + \alpha \log K / N + (1-\alpha) \log u + (1-\alpha) \log h + \gamma \log h_{\theta}$$

基于人均产出函数，对其进行差分化处理可得：

$$\Delta y = \alpha \Delta k + (1-\alpha) \Delta h + \gamma \Delta h_{\theta}$$

其中，y 为人均收入，k 为人均资本量。而人力资本水平 h 和社会平均人力资本水平 h_{θ} 均由教育水平衡量，教育是提升人力资本存量的核心（邹薇和张芬，2006；柏豪，2019）。

由此可以看出，随着教育水平的提升，人均收入也随之增加，居民贫困随之降低，即教育水平的不同，导致居民减贫能力存在差异，教育异质性减贫能够进一步巩固拓展脱贫攻坚成果，推进共同富裕。除此之外，教育异质性也能够直接作用于贫困，居民防返贫的能力将随着受教育程度的提高而提升。

第二节　教育异质性与贫困统计性分析

本章选取 CHNS 2009～2015 年的数据进行研究。该数据库包含大量的收入和个体特征数据，有助于进一步研究中国居民教育情况对贫困变化的动态影响机制。

一、受教育程度对收入的影响分析

教育推进经济发展的作用存在着巨大潜力，提高居民受教育程度能否线性提升居民收入水平？在"因教返贫"背景下，我国应该如何促进教育事业发展才能够更好地巩固拓展脱贫攻坚成果？这是我们当前需要解决的问题。

由图 7－1 所示的 Pen's Parade 曲线可以看出，随着教育水平提高，居民收入逐渐增多。高中以上学历人群高收入比例明显高于未受教育人群，且高学历层次人群取得高收入的概率密度上升幅度明显较大，意味着学历提升更有助于收入的提升。同时可以看出，我国教育回报率可划分为三个层次，即未受教育、高中以下（基本教育）和高中及以上（高等教育）。同时由图 7－2 可以看出，高等教育更有助于促进居民收入均等化，而基础教育在一定程度上加深了居民收入不均等，意味着提高居民受教育水平更有助于缩小收入差距，在一定程度上降低居民贫困。

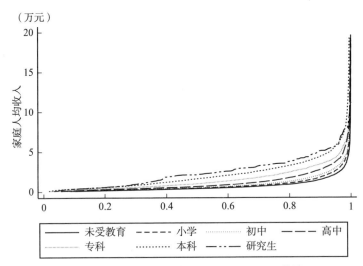

图 7－1　受教育程度的收入 Pen's Parade 曲线

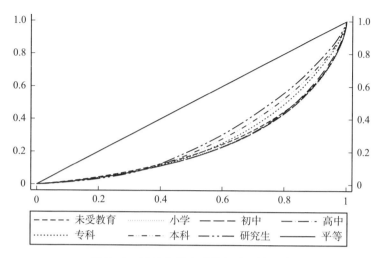

图 7-2 受教育程度对收入差距的影响

二、受教育程度与贫困变化趋势

目前，以科技创新引领经济发展势头强劲，科技创新已成为提高综合国力的关键性因素，并改变了人们的生活方式，谁能够掌握科技创新，谁就能赢得优势。科技创新需要深厚的文化支撑，人口素质的提高是提升国家创新能力的基础，而教育投资则是提高人口素质的关键路径，因此我国应注重居民的教育投资。除此之外，教育是增强我国居民内生增长动力的重要因素，因此研究我国居民受教育程度与贫困变化的关系是巩固拓展脱贫攻坚成果的关键。九年义务教育等政策措施在一定程度上提高了我国居民受教育程度，但是九年义务教育不足以大幅度提升我国居民人口素质，因此我国政府应进一步关注高等教育投资，提升我国人口素质。

由表 7-1 可以看出，我国居民受教育程度逐渐提高，其中未受教育人群由 2006 年 26.73% 下降至 2015 年的 19.03%，下降幅度高达 28.81%。小学文化程度人群亦存在下降趋势，下降幅度为 13.20%。而从初中教育开始，受教育人群比重逐渐增加，尤其是大学本科及以上受教育程度人群比例上升幅度非常大。2015 年获得大学和研究生教育的人数的百分比分别是 2006 年的 2.52 倍和 8.17 倍，说明我国受高等教育人群成倍增加，居民素质逐渐提高。普及九年义务教育以后，我国未受教育人群有明显下降趋势，但是初高中受教育人群增加幅度较小，而中专及以上受教育人群则呈现较大幅度增长，说明居民更看重高等教育，更愿意让子女接受高中以上教育。我国应在普及九年义务教育的同时，注重高等教育补贴，进一步促进我国居民受教育意愿，提高国民素质。

表 7 - 1　　　　　　　　2006 ~ 2015 年受教育程度百分比　　　　单位：%

受教育程度	2006 年	2009 年	2011 年	2015 年	变化率
未受教育	26.73	24.65	22.68	19.03	- 28.81
小学	19.24	20.11	17.39	16.70	- 13.20
初中	29.75	32.46	29.77	30.68	3.13
高中	13.04	11.27	12.53	13.55	3.91
中专与大专	6.29	6.59	6.65	7.24	15.10
大学	4.89	4.86	10.56	12.32	151.94
研究生	0.06	0.07	0.41	0.49	716.67

资料来源：CHNS 数据。

由表 7 - 2 可以看出，在 2010 年贫困标准下，我国居民 2006 ~ 2015 年贫困发生率、贫困深度和贫困强度均呈现下降趋势，下降幅度分别为 57.14%、46.66% 和 39.58%，意味着随着经济发展我国居民贫困确实存在下降趋势，但贫困顽固程度下降幅度要远低于贫困范围的减少，说明通过经济增长降低贫困程度的效果逐渐不明显，应配合其他政策措施降低贫困程度。结合表 7 - 1 可以看出，随着居民整体受教育程度的提升，贫困呈现下降趋势，那么受教育程度和贫困之间是否存在相应关系，受教育程度的提高能否降低贫困？本章对这一问题进行研究。

表 7 - 2   2006 ~ 2015 年贫困变化趋势

贫困标准 年份	贫困发生率		贫困深度		贫困强度	
	国内贫困线	国际贫困线	国内贫困线	国际贫困线	国内贫困线	国际贫困线
2006	0.1813	0.3907	0.0778	0.1894	0.0475	0.1193
2009	0.0972	0.2441	0.0463	0.1094	0.0303	0.0686
2011	0.0912	0.1860	0.0452	0.0929	0.0301	0.0620
2015	0.0777	0.1496	0.0415	0.0787	0.0287	0.0545
变化率	−0.5714	−0.6171	−0.4666	−0.5845	−0.3958	−0.5432

资料来源：CHNS 数据。

三、受教育程度对贫困的影响分析

在三维贫困分解研究的基础上，我们发现异质性对贫困影响显著，因此本章以受教育程度和家庭规模为例，进一步测算居民异质性对贫困的作用效果。由表 7 - 3 可以看出，随着受教育程度提高，无论是采用国内贫困线还是国际贫困线标准，居民贫困发生率、贫困深度和贫困强度均呈现下降趋势，说明人力资本积累能够有效降低我国农村贫困。同时可以看出，到 2015 年贫困发生率、贫困深度和贫困强度下降幅度不明显，甚至出现上升趋势，且贫困深度和贫困强度上升趋势明显高于贫困发生率，说明中国农村居民存在返贫风险，且返贫重点在于贫困深度和贫困强度，意味着在巩固拓展脱贫攻坚成果阶段，应关注居民的内生增长动力问题，增强其收入可持续增长能力。

表 7 - 3   受教育程度对贫困指数影响效应

年份	受教育程度	贫困发生率		贫困深度		贫困强度	
		国内贫困线	国际贫困线	国内贫困线	国际贫困线	国内贫困线	国际贫困线
2006	未受教育	0.5116	0.7134	0.2966	0.2113	0.2087	0.2582
	高中以下	0.4333	0.6343	0.2403	0.1584	0.1641	0.2108
	高中及以上	0.2956	0.4608	0.1552	0.0799	0.1033	0.1488

年份	受教育程度	贫困发生率		贫困深度		贫困强度	
		国内贫困线	国际贫困线	国内贫困线	国际贫困线	国内贫困线	国际贫困线
2009	未受教育	0.4680	0.6780	0.2650	0.1814	0.1826	0.2297
	高中以下	0.3957	0.5878	0.2170	0.1374	0.1484	0.1945
	高中及以上	0.2580	0.4134	0.1349	0.0651	0.0890	0.1300
2011	未受教育	0.4032	0.5977	0.2265	0.1475	0.1569	0.2022
	高中以下	0.3368	0.5118	0.1895	0.1135	0.1327	0.1776
	高中及以上	0.1824	0.2903	0.0988	0.0473	0.0687	0.1001
2015	未受教育	0.4067	0.5989	0.2386	0.1605	0.1682	0.2128
	高中以下	0.3409	0.5073	0.1937	0.1245	0.1358	0.1753
	高中及以上	0.2030	0.3156	0.1096	0.0600	0.0783	0.1071

资料来源：CHNS 数据。

由表 7-4 可以看出，2006~2015 年未受教育人群贫困发生率下降了 20.50%，高中以下人群贫困发生率下降了 21.31%，高中及以上人群贫困发生率下降了 31.34%；对于贫困深度，未受教育人群贫困深度下降幅度为 19.55%，高中以下人群下降幅度为 19.42%，而高中及以上人群贫困深度下降幅度高达 29.36%；对于贫困强度，未受教育人群贫困强度下降 19.41%，高中以下人群贫困强度下降 17.26%，而高中及以上人群贫困强度下降幅度高达 24.27%。这意味着随着受教育程度提高，贫困发生率、贫困深度和贫困强度下降幅度均呈现上升趋势，并且当受教育程度高于高中教育时贫困下降趋势大幅度增加，说明随着人力资本积累增加，教育回报率呈非线性上升趋势，受教育程度提高，减贫效果将成倍增加。

表 7 - 4   2006 ~ 2015 年贫困变化率

受教育程度	贫困发生率		贫困深度		贫困强度	
	国内贫困线	国际贫困线	国内贫困线	国际贫困线	国内贫困线	国际贫困线
未受教育	- 0. 2050	- 0. 1606	- 0. 1955	- 0. 2404	- 0. 1941	- 0. 1756
高中以下	- 0. 2131	- 0. 2001	- 0. 1942	- 0. 2138	- 0. 1726	- 0. 1684
高中及以上	- 0. 3134	- 0. 3151	- 0. 2936	- 0. 2495	- 0. 2427	- 0. 2806

资料来源：CHNS 数据。

同时由表 7 - 4 可知，贫困发生率下降幅度大于贫困深度，同时也大于贫困强度，说明减贫过程中，降低贫困发生率的政策更有效，降低贫困深度和贫困强度的政策效果较弱。在全面脱贫背景下，巩固拓展脱贫攻坚成果的关键在于解决贫困边缘群的贫困脆弱性，因此应更加关注居民的内生增长动力问题。当前中国地区间经济发展不均衡，城乡差距呈现扩大趋势，那么在不同区域受教育程度对贫困影响是否具有一致性？区域差异是否会影响教育巩固拓展脱贫攻坚成果的路径？本章基于这一思考，采用多层次 Logistic 模型对不同区域教育减贫效应进行深入探讨。

第三节　异质效应视角下教育异质性减贫机制实证分析

一、多层次 Logistic 模型的构建

（一）多层次线性模型

多层次线性模型是由戈尔德斯坦（Goldstein）与劳登布什（Raudenbush）提出的用于分析具有层次结构的数据统计分析模型，其可观测不同水平下随机误差和解释变量信息，既能够得到不同层次解释变量对被解释变量的解释程度，又能够分析多层结构下不同层次变量间的因果关系。

1. 零模型

本章首先估计零模型，其目的是通过将方程分解为家庭个体差异造成的部分与组间差距，即方差分析，用来检验分层数据是否需建立多层次模型。主要通过计算组内相关系数（ICC）检验其建模必要性，其具体形式如式（7.1）和式（7.2）所示：

第一层：$\qquad\qquad Y_{ij} = \beta_i + e_{ij}$ $\qquad\qquad$ (7.1)

第二层：$\qquad\qquad \beta_i = \beta_0 + \mu_{0i}$ $\qquad\qquad$ (7.2)

其中，$i = 1, 2, \cdots, n$，$j = 1, 2, \cdots, m$，将第一层和第二层公式合并得到总模型，如式（7.3）所示：

$$Y_{ij} = \beta_0 + u_{0i} + e_{ij} \qquad\qquad (7.3)$$

其中，β_0 为固定效应部分，$u_{0i} + e_{ij}$ 为随机效应部分。由 $Var(e_{ij}) = s^2$ 与 $Var(\mu_{01}) = \tau_{00}$ 能够计算组内相关系数，可根据相关系数（ICC）确定第二层变量是否会对结果产生差异性影响，此时其计算公式为 $\rho = \tau_{00}/(\tau_{00} + \sigma^2)$，$\rho$ 即为相关系数。ρ 取值范围在 $0 \sim 1$ 之间，ρ 取值更接近于 0 表明个体之间不存在相关性，而 ρ 取值更接近于 1 表明个体之间存在完全相关性。并且如果 τ_{00} 统计显著则表示 ICC 显著，进而可以考虑建立多层次模型进行分析，若不显著则采用 Logit 固定效应模型进行回归。

2. 随机效应多水平模型

随机效应模型与传统最小二乘回归模型不同，随机多水平效应模型在第二层次不涉及预测变量，第二层次变量的回归系数和截距项都是随机的。第二层变量能够通过显著性检验识别出第一层中存在但是在第二层出现变异的变量，其中有明显差异的变量可以根据需要建立第二层模型，将第一层中存在明显差异的变量的回归系数作为第二层的被解释变量，进而建立具有预测变量的模型，随机效应多水平模型方程如式（7.4）和式（7.5）所示：

第一层：
$$Y_{ij} = \beta_{0j} + \beta_{1j}X_{ij} + \gamma_{ij} \tag{7.4}$$

第二层：
$$\beta_{0j} = \gamma_{00} + \mu_{0j}$$
$$\beta_{1j} = \gamma_{10} + \mu_{1j} \tag{7.5}$$

其中，β_{0j} 和 β_{1j} 分别为第一层截距项和回归系数，若存在明显差异则在第二层构建相应模型。

3. 完整模型

多层次完整模型建立在零模型和随机效应模型基础上，加上第一层、第二层的解释变量，可得：

第一层：
$$Y_{ij} = \beta_{0j} + \beta_{1j}X_{ij} + e_{ij} \tag{7.6}$$

第二层：
$$\beta_{0j} = \gamma_{00} + \gamma_{01}W_{1j} + \mu_{0j}$$
$$\beta_{1j} = \gamma_{10} + \gamma_{11}W_{1j} + \mu_{1j} \tag{7.7}$$

将式（7.6）、式（7.7）式进行合并得到完整模型，如式（7.8）所示：

$$Y_{ij} = \gamma_{00} + \gamma_{10}X_{ij} + \gamma_{01}W_{1j} + \gamma_{11}X_{ij}W_{1j} + \mu_{0j} + \mu_{1j}X_{ij} + e_{ij} \tag{7.8}$$

此时，可定义第一层为个人，用 $i = 1, 2, \cdots, I$ 表示，第二层为家庭，用 $j = 1, 2, \cdots, J$ 表示，且个人嵌套于家庭中，每个个体的贫困状态为家庭中个人特征。β_{0j}、β_{1j} 是随机变量，可被分解为常数 γ_{00} 或 γ_{10} 与随机数 μ_{0j} 或 μ_{1j} 的和，γ_{00}、γ_{01}、γ_{10} 与 γ_{11} 为第二层回归方程待估计参数，即固定效应；X_{ij} 为第一层回归方程中含收入信息的个人特征解释变量，代表第 i 个个人在 j 组家庭中的自变量 X 的取值；W_{1j} 为第二层回归方程中家庭特征解释变量，e_{ij} 为第一层方程的残差，代表第一层方程在第 j 组家庭中的第 i 个个体观测对象的消费测量值 Y 不能被个体特征 X 所解释的部分，μ_{0j}、μ_{1j} 为第二层方程中的随机效应。完整模型能够解释第一层和第二层变量是如何影响总体变化的，其 $\gamma_{00} + \gamma_{10}X_{ij} + \gamma_{01}W_{1j} + \gamma_{11}X_{ij}W_{1j}$ 是固定效应部分，而 $\mu_{0j} + \mu_{1j}X_{ij} + e_{ij}$ 是随机效应部分，$\gamma_{11}X_{ij}W_{1j}$ 是第一层解释变量和第二层解释变量的交互效应。基于多层次线性模型，本章构建多层次 Logistic 回归模型。

（二）多层次 Logistic 回归模型

1. 零模型

在检验区域内个体相关性时首先要建立零模型，方程如式（7.9）~式（7.11）所示：

$$P(Poor_{ij} = 1 \mid \beta) = \varphi_{ij} \qquad (7.9)$$

第一层：
$$\ln[\varphi_{ij}/(1 - \varphi_{ij})] = \eta_{0j}$$
$$\eta_{0j} = \beta_{0j} \qquad (7.10)$$

第二层：
$$\beta_{0j} = \gamma_{00} + u_{0j} \qquad (7.11)$$

其中，$Poor_{ij}$ 表示第 i 个家庭在第 j 个社区的贫困状态，贫困状态下数值为 1，非贫困状态为 0。基于零模型的组内相关系数同样由 ICC = $\tau_{00}/(\tau_{00} + \sigma^2)$ 来度量，τ_{00} 和 σ^2 分别表示零模型系数残差项方差和 Logistic 模型误差项方差。本章假设 Logistic 模型误差项符合均值为 0、方差为 $\pi^2/3$ 的标准 Logistic 分布，因此 ICC = $\tau_{00}/(\tau_{00} + \pi^2/3)$。如果 ICC 结果显著，则建立引入基尼系数和收入对数等解释变量的随机效应模型，识别区域因素对个体贫困的解释程度。

2. 随机效应模型

为了更好地建立多层次随机模型，首先我们通过建立含有第一层解释变量的随机模型，确定随机部分的显著性后，最终得到在第二层变量上也存在显著差异的第一层解释变量，然后将这些解释变量作为第二层被解释变量建立随机效应模型，方程如式（7.12）~式（7.14）所示：

$$P(Poor_{ij} = 1 \mid \beta) = \varphi_{ij} \qquad (7.12)$$

第一层：
$$\ln[\varphi_{ij}/(1 - \varphi_{ij})] = \eta_{0j}$$
$$\eta_{ij} = \beta_{0j} + \beta_{1j}edu_{ij} \qquad (7.13)$$

第二层：
$$\beta_{0j} = \gamma_{00} + u_{0j}, \quad \beta_{1j} = \gamma_{10} + u_{1j} \qquad (7.14)$$

3. 完整模型

最终构建加入考虑个体因素的解释变量来揭示区域间个体贫困的差异，建立多层次 Logistic 回归模型。

多层次 Logistic 回归模型是在固定效应 Logistic 回归模型基础上的扩展模型，多层次 Logistic 回归模型引入了随机效应来对多层次数据的组内差异问题进行处理，扩展模型方程如式（7.15）~式（7.17）所示：

$$P(Poor_{ij} = 1 \mid \beta) = \varphi_{ij} \tag{7.15}$$

第一层：
$$\ln(\varphi_{ij}/1 - \varphi_{ij}) = \eta_{ij}$$
$$\eta_{ij} = \beta_{0j} + \beta_{1j}edu_{ij} \tag{7.16}$$

第二层：
$$\beta_{0j} = \gamma_{00} + \gamma_{01}\ln(inc_j) + \gamma_{02}\ln(gini_j) + \mu_{0j}$$
$$\beta_{1j} = \gamma_{10} + \mu_{1j} \tag{7.17}$$

其中，第一层的截距项和回归系数为第二层解释变量的线性函数。多层次 Logistic 回归模型方程如式（7.18）所示：

$$\ln(p_{ij}/1 - p_{ij}) = \beta_{00} + \beta_{01}w_i + \beta_{10}x_{ij} + \beta_{11}x_{ij}w_i + u_{0i} + u_{1i}x_{ij} \tag{7.18}$$

其中，多层次 Logistic 回归模型的固定效应部分是 $\beta_{00} + \beta_{01}w_i + \beta_{10}x_{ij} + \beta_{11}x_{ij}w_i$，随机效应部分是 $u_{0i} + u_{1i}x_{ij}$。

二、异质性减贫效应实证结果与分析

构建多层 Logistic 模型，并选取贫困居民的个体特征和区域特征进行回归分析。其中 M0 是零模型，不包括预测变量，若零模型方差显著则表示应该考虑建立多层次回归模型，若不显著则直接进行固定效应 Logit 回归。表 7 - 5 中 M1 表示地区因素，如果 M0 中的 ICC 显著，则表示地区间个体存在差异，因此建立带有地区变量基尼系数对数的随机效应模型 M1。贫困 poor 是二值变量，poor = 0 表示居民处于非贫困状态，poor = 1 表示居民处于贫困状态。因此，解释变量系数为正表示随着解释变量的增加，居民更容易陷入贫困；反之则表示随着解释变量的增加，居民更容易摆脱贫困状态。根据多层次回归模型构建多层 Logistic 模型，并对贫困的异质性影响因素进行回归分析。由表 7 - 5 中 2006 年数据零模型（M0）回归结果可知贫困的组内相关系数 ICC 为 0.2081，并且组间方差在 5% 的水平下显著，说明贫困在各地区间存在显著差异，因此多层次 Logistic 模型的构建是合理的。同时，由 M1 回归结果可知，地区基尼系数和消费率对贫困的影响是显著的，并且加入区域变量后，对比 M0 贫困在地区间的方差由 0.8643 下降到 0.7123，组内系数 ICC 由 0.2081 下降到 0.1780，表明地区层面的解释变量即基尼系数和消费率等能够在一定程度上解释地区间的贫困差异，因而应该将地区变量纳入模型中去。

表 7 – 5　　　　　　　　2006 年多层次 Logistic 模型回归结果

解释变量	M0	M1	M2	M3
常数项	– 3.2847 ***	– 7.1298 ***	– 5.5157 ***	– 5.0887 ***
个体层面				
教育			– 0.1683 ***	– 0.2518 ***
年龄			– 0.3222 ***	– 0.0318 ***
年龄的平方			0.0005 ***	0.0005 ***
家庭人口数			– 0.5333 ***	– 0.5366 ***
地区层面				
基尼系数		4.6867 **	6.4820 ***	5.9780 ***
城镇化		1.5956	0.2513	– 0.0087
消费率		3.1786 ***	4.0035 ***	4.0176 ***
随机效应（标准差）				
教育				0.0616 ***
τ_{00}	0.8643 ***	0.7123 ***	0.8095 ***	0.7129 ***
σ^2	$\pi^2/3$	$\pi^2/3$	$\pi^2/3$	$\pi^2/3$
ICC	0.2081	0.1780	0.1975	0.1781
Prob > = chibar2	0.0000	0.0000	0.0000	0.0000

注：*** 、 ** 和 * 分别表示在 1% 、 5% 和 10% 的水平下显著。
资料来源：CHNS 数据。

本章在 M2 中引入个体变量受教育程度、年龄、年龄的平方和家庭人口数，从 M2 回归结果可以看出个体变量对贫困的影响是显著的，说明在模型中引入个体变量是合理的，由此可以证明贫困既受到地区变量的影响也受到个体变量的影响；同时由 M2 可知，基尼系数对贫困的影响为正向，说明随着地区收入差距扩大，居民贫困呈现上升趋势；受教育程度和家庭人口数对贫困存在负向影响，说明随着受教育程度上升和家庭人口数增加，贫困存在下降趋势，即提高居民人口素质有助于减贫；年龄对贫困存在负向影响而年龄的平方对贫困存在正向影响，说明年龄对贫困的影响存在 U 形趋势，即随着年龄上升，贫困呈现先下降后上升的趋势，意味着老年人更容易陷入贫困，应关注中国老年人贫困问题。

本书在 M2 的基础上，进一步检验个体变量受教育程度系数的随机性。M3 即为具有随机效应的多层次模型，由 M3 回归结果可知，在区域层面上地区收入不平等加剧了贫困的发生，消费率同样能够加剧贫困的发生，但是随着城镇化率的上升贫困呈现下降趋势；而在个体层面上，随着受教育程度和家庭人数的增加，贫困呈现下降趋势；而年龄对贫困的影响趋势先下降后上升；受教育程度的随机效应标准差正向且显著，说明受教育程度减贫效应受地区变量的影响，即在不同地区受教育程度的减贫效应存在差异。同时对 2006 年和 2015 年多层次模型回归结果进行对比可知（见表 7-5、表 7-6、表 7-7 和表 7-8），地区变量基尼系数对贫困的影响呈现上升趋势，由 2006 年的 5.9780 上升到 2015 年的 9.4695，并且均在 1% 水平下显著（见表 7-8），说明地区收入不平等加剧了贫困的发生；城镇化的推进能够降低贫困且其减贫效应上升，由 2006 年的 0.0087 上升到 2015 年的 0.2877，说明城镇化能够降低居民贫困，且降低趋势明显；消费率的增加加深了居民贫困问题，但消费率对贫困的影响程度存在下降趋势，随着消费率的上升贫困的加深幅度由 2006 年的 4.0176 下降至 2015 年的 3.4732，说明随着经济发展，居民消费增加导致贫困上升幅度呈现下降趋势。

表 7 – 6   **2009 年多层次 Logistic 模型回归结果**

解释变量	M0	M1	M2	M3
常数项	– 3. 3527 ***	– 6. 0219 ***	– 4. 0482 **	– 4. 0193 **
个体层面				
教育			– 0. 2005 ***	– 0. 2278 ***
年龄			– 0. 0322 ***	– 0. 0314 ***
年龄的平方			0. 0004 ***	– 0. 0004 ***
家庭人口数			– 0. 4009 ***	– 0. 4032 ***
地区层面				
基尼系数		4. 2598	4. 4437	4. 3768
城镇化		– 1. 6865	– 1. 5379	– 1. 4506
消费率		3. 4452 ***	3. 8747 ***	3. 8821 ***
随机效应（标准差）				
教育				0. 0184 ***
τ_{00}	0. 7657 ***	0. 8712 ***	0. 9204 ***	0. 8900 ***
σ^2	$\pi^2/3$	$\pi^2/3$	$\pi^2/3$	$\pi^2/3$
ICC	0. 1888	0. 2094	0. 2186	0. 2129
Prob > = chibar2	0. 0000	0. 0000	0. 0000	0. 0000

注：***、** 和 * 分别表示在 1%、5% 和 10% 的水平下显著。
资料来源：CHNS 数据。

表 7 – 7   **2011 年多层次 Logistic 模型回归结果**

解释变量	M0	M1	M2	M3
常数项	– 3. 6254 ***	– 6. 4346 ***	– 3. 9704 *	– 3. 8358 *
个体层面				
教育			– 0. 1848 ***	– 0. 2770 ***
年龄			– 0. 0183	– 0. 0167
年龄的平方			0. 0003 **	– 0. 0002 *
家庭人口数			– 0. 4972 ***	– 0. 5022 ***

续表

解释变量	M0	M1	M2	M3
地区层面				
基尼系数		1.3492	0.1043	9.4695 ***
城镇化		4.6319	5.2534	0.2863
消费率		3.5746 ***	4.1780 ***	4.1834 ***
随机效应（标准差）				
教育				0.0579 ***
τ_{00}	1.3958 ***	0.9510 ***	1.1454 ***	0.9884 ***
σ^2	$\pi^2/3$	$\pi^2/3$	$\pi^2/3$	$\pi^2/3$
ICC	0.2979	0.2242	0.2582	0.2310
Prob > = chibar2	0.0000	0.0000	0.0000	0.0000

注：***、** 和 * 分别表示在 1%、5% 和 10% 的水平下显著。
资料来源：CHNS 数据。

表 7 - 8 　　　　　　　2015 年多层次 Logistic 模型回归结果

解释变量	M0	M1	M2	M3
常数项	- 3.4089 ***	- 8.0696 ***	- 7.3230 ***	- 7.1915 ***
个体层面				
教育			- 0.1427 **	- 0.3933 ***
年龄			0.0087	0.0108
年龄的平方			- 0.0001	- 0.0002
家庭人口数			- 0.4864 ***	- 0.4864 ***
地区层面				
基尼系数		6.9546 **	9.0168 **	9.4695 ***
城镇化		- 0.4440	- 0.4971	- 0.2877
消费率		3.1627 ***	3.5763 ***	3.4732 ***

续表

解释变量	M0	M1	M2	M3
	随机效应（标准差）			
教育				0.1385 ***
τ_{00}	0.9424 ***	1.0768 ***	1.1308 ***	0.4884 ***
σ^2	$\pi^2/3$	$\pi^2/3$	$\pi^2/3$	$\pi^2/3$
ICC	1.2762	1.2636	1.2468	1.1328
Prob > = chibar2	0.0000	0.0000	0.0000	0.0000

注：*** 、** 和 * 分别表示在 1%、5% 和 10% 的水平下显著。
资料来源：CHNS 数据。

个体层面变量受教育程度对减贫的影响呈现上升趋势，由 2006 年的 0.2518 上升到 2015 年的 0.3933，说明随着经济发展，教育程度在减贫进程中起到越来越重要的作用；年龄对贫困的影响则逐渐不显著，并且由 2006 年显著的 U 形特征变化为 2015 年不显著的倒 U 形特征，说明随着中国进入巩固拓展脱贫攻坚成果阶段，年龄不再是影响贫困的关键性因素；家庭人口数对减贫的影响则呈现下降趋势，由 2006 年的 0.5366 下降到 2015 年的 0.4864，说明随着中国家庭观念的转变，大家庭模式逐渐向小家庭模式转变，家庭人口数对贫困的影响也随之下降；不同省份间受教育程度对贫困的影响差异性也随之上升，由 2006 年的 0.0616 上升到 2015 年的 0.1385，说明随着省份间经济、文化、政治等差异变化，受教育程度在不同省份的减贫作用存在明显差异。

以上对比结果表明，在区域层面，省份间地区收入不平等恶贫效应存在上升趋势，收入差距扩大严重阻碍巩固拓展脱贫攻坚成果的进程，城镇化则能够降低居民贫困，消费率的变化虽然恶化了居民贫困，但恶化趋势呈现下降趋势；在个体层面上，年龄对贫困的影响逐渐不显著，家庭人口数的减贫效应呈现下降趋势，而受教育程度的提高促使我国贫困大幅度降低，说明我国应该在缩小收入差距的同时重视教育减贫，提高人口素质，进一步巩固拓展脱贫攻坚成果，实现共同富裕。

三、区域视角下教育异质性减贫效应分析

（一）模型的构建

在上述回归结果基础上，本书进一步采用二值选择模型估计受教育程度在不同区域对贫困的影响效应，并在 Logit 模型基础上构建区域教育减贫效应模型，如式（7.19）所示：

$$poor_{\tau,t} = \alpha_{\tau,t} + \beta_1 edu_{\tau,t} + \beta_2 age_{\tau,t} + \beta_3 age_{\tau,t}^2 + \beta_4 hhsize_{\tau,t} + \varepsilon_{\tau,t}$$

$$(7.19)$$

其中，τ 代表区域变量，$\tau = east$，middle，west，分别代表东部、中部和西部地区；$poor_{\tau,t}$ 表示 t 时期 τ 区域居民贫困状态，$poor_{\tau,t} = 1$ 表示居民处于贫困状态，$poor_{\tau,t} = 0$ 表示居民处于非贫困状态；$edu_{\tau,t}$ 代表居民受教育程度，$age_{\tau,t}$ 表示 t 时期 τ 区域居民年龄状态，$age_{\tau,t}^2$ 则表示 t 时期 τ 区域居民年龄状态的平方，取年龄和年龄的平方进行估计可以看出年龄对贫困的影响是否存在非线性特征；$hhsize_{\tau,t}$ 表示 t 时期 τ 区域家庭家庭成员数量。

（二）实证结果及分析

为了进一步探析在不同区域教育对贫困的影响差异问题，本章选取 Logit 回归实证分析不同区域教育减贫效应，如表 7 - 9 和表 7 - 10 所示。首先使用 Logit 回归，发现各年 LR 统计量对应的 P 值均为 0.0000，故整个方程系数（除常数项）的联合显著性较高。其次使用稳健标准误进行 Logit 回归，对比回归结果发现，稳健标准误与普通标准误趋于一致，因而模型设定问题可忽略不计。由于各个解释变量的最小变化均大于等于一单位，因此本章为了更好地解释回归结果，选取回报概率比代替系数进行回归。

表 7 - 9 　　　　2006～2009 年东中西部地区教育减贫效应 Logit 分析

变量	2006 年			2009 年		
	东部	中部	西部	东部	中部	西部
教育	0.6892 ***	0.8537 ***	0.8166 **	0.7849 ***	0.7665 ***	0.7597 ***
年龄	0.9749	0.9720 **	0.9842	0.9800	0.9781	0.9793
年龄平方	1.0002	1.0004 ***	1.0001	1.0002	1.0002	1.0002
家庭人口数	0.6543 ***	0.7710 ***	0.7897 ***	0.8325 **	0.7867 ***	0.7027 ***
常数项	0.4317	0.2680 ***	0.2816 ***	0.1538 ***	0.3055 ***	0.4520 *
Prob > chi2	0.0000	0.0000	0.0000	0.0000	0.0000	0.0000

注：*** 、** 和 * 分别表示在 1% 、5% 和 10% 的水平下显著。
资料来源：CHNS 数据。

表 7 - 10 　　　　2011～2015 年东中西部地区教育减贫效应 Logit 分析

变量	2011 年			2015 年		
	东部	中部	西部	东部	中部	西部
教育	0.7057 ***	0.8034 ***	0.7899 ***	0.6938 ***	0.7839 ***	0.8833
年龄	1.0059	0.9869	0.9724	1.0849 **	1.0091	0.9845
年龄平方	0.9999	1.0001	1.0003	0.9991 **	0.9998	1.0000
家庭人口数	0.7733 ***	0.8014 ***	0.7108 ***	0.6475 ***	0.8281 ***	0.6909 ***
常数项	0.1420 ***	0.2708 ***	0.4799 *	0.0689 ***	0.2149 ***	0.6249
Prob > chi2	0.0000	0.0000	0.0000	0.0000	0.0000	0.0000

注：*** 、** 和 * 分别表示在 1% 、5% 和 10% 的水平下显著。
资料来源：CHNS 数据。

由表 7 - 9 和表 7 - 10 可知，其他变量给定，受教育程度对贫困的影响在 1% 的水平下显著，并且受教育程度提升明显降低贫困问题，随着受教育程度的提高，人力资本积累增加，大幅度提高了人口素质，进而提升了居民收入水平，降低了居民贫困。2006 年受教育程度每提高一级，东部地区陷入贫困的概率会下降 31.08%，中部地区陷入贫困概率会下降 14.63%，西部地区陷入贫困的概率会下降 18.34%，而到

2015 年受教育程度每提高一级，东部地区居民陷入贫困的概率会下降
30.62%，中部地区居民陷入贫困的概率会下降 21.61%，西部地区居民
陷入贫困的概率会下降 11.67%。同时，2006～2015 年受教育程度减贫
效应西部地区下降明显，而中部地区呈现上升趋势，东部地区下降趋势
并不明显。这一方面说明提高受教育程度能有效降低贫困，且在东部经
济发达地区教育减贫效应更加明显，东部地区经济发展快于中西部地
区，其教育资源相对于中西部地区更加完善，因此受教育程度的提高在
东部地区减贫效应明显高于中西部地区。另一方面，东部地区经济发展
较快，教育机制完善，因此随着经济发展东部地区教育减贫效应增长缓
慢；而中部地区随着经济快速发展，教育体制逐渐完善，教育减贫效应
快速提高；由于西部地区经济发展缓慢，教育体制不完善，随着教育支
出增加，因教致贫导致西部地区教育减贫效应较低。

年龄对贫困影响并不显著，但是从年龄对贫困影响系数上看，年龄
对贫困的影响呈现 U 形趋势，即随着年龄增大，地区贫困影响呈现先
下降后上升的趋势，随着年龄增长，居民收入水平呈现上升趋势，但是
随着居民进入中老年阶段，收入水平开始出现下降趋势，因此年龄对贫
困的影响呈现 U 形特征。而家庭人口对贫困具有显著影响，2006 年家
庭人口数每增加 1 个，东部地区贫困概率下降 34.57%，中部地区贫困
概率下降 22.9%，西部地区贫困概率仅下降 21.03%。而到 2015 年家
庭人口数每增加 1 个，东部地区贫困概率下 35.25%，中部地区贫困概
率下降 17.19%，而西部地区贫困概率下降 30.91%，说明随着家庭人
口数的增加，贫困呈现下降趋势，尤其是东部经济发达地区贫困下降概
率明显高于中西部地区，意味着随着人口增加，家庭劳动力增加，进而
提升家庭人均收入水平，有助于降低居民贫困，其中西部地区家庭人口
数减贫效应呈现上升趋势，而东中部地区家庭人口数减贫效应呈现下降
趋势，即在经济发展初期，提高西部地区家庭人口数更有助于降低西部
地区居民贫困。

以上研究表明，由于地区间经济发展不均衡，使得受教育程度、居
民年龄和家庭人口数对居民贫困的影响具有差异性特征。随着经济发

展，处于经济发达地区的东部教育机制趋于完善，居民受教育程度普遍高于中西部地区，因此受教育程度提升改善该地区贫困效应减弱；同时伴随着中部地区的崛起，居民收入水平迅速提高，且政府加大教育的投入力度，居民受教育水平正处于快速提升阶段，因此提高中部地区居民受教育水平能够大幅度提高该地区居民创收能力，进而降低该地区居民贫困程度；西部地区经济发展较慢，教育体制不完善，居民收入水平低于东中部地区，对于高等教育支出的承受能力较弱，导致提升居民受教育程度的减贫效应呈现下降趋势，西部地区因教致贫问题明显，因此应进一步加大西部地区政府教育扶持力度，减轻西部地区居民接受高等教育的成本，降低该地区居民贫困。

第四节　本章小结

本章以受教育程度区域差异化对贫困问题的影响为切入点，进一步探讨居民异质性在减贫进程中的重要作用，利用 CHNS 微观调查数据并采用 Logistic 多层次模型从个体和区域两个层面实证分析受教育程度在减贫进程中的重要作用。

首先，本章利用 CHNS 微观调查数据统计分析中国居民贫困与教育状况发现。一方面，我国居民基础教育机制逐渐完善，九年义务教育政策的实行普遍提高了我国居民人口素质，近几年高等教育人群增长速度明显加快；另一方面，我国居民贫困发生率、贫困深度和贫困强度均呈现下降趋势，但是贫困深度和贫困强度下降幅度较小。除此之外，由数理统计发现，教育投资产生的人力资本积累能够有效缓解中国贫困问题，且相较于基础教育，提高居民高等教育水平将更有助于缩小收入差距，在一定程度上缓解居民贫困问题。

其次，地区异质性和个体异质性对贫困均存在显著影响。在区域层面上，省份间地区收入不平等的恶贫效应存在上升趋势，收入差距扩大严重阻碍居民的减贫进程，城镇化则降低了居民贫困，消费率的变化虽然恶化了贫困，但是恶化趋势呈现下降趋势，说明在区域层面减贫政策上，应在缩小收入差距的同时，进一步促进城镇化发展；而在个体层面上，年龄对贫困的影响逐渐不显著，家庭人口数的减贫效应呈现下降趋势，而受教育程度的提高促使贫困大幅度降低，说明在个体层面上，应重视教育，在提高教育投入的同时，进一步增加低收入群体的教育补贴，提高居民人口素质，进一步巩固拓展脱贫攻坚成果。

最后，受教育程度减贫效应受区域变量影响显著，在不同区域教育减贫效应存在明显差异。通过对不同区域受教育程度等个体特征变量进行贫困的 Logit 回归发现，东部地区受教育程度减贫效应明显高于中西部地区，但是由于东中西部经济发展状况和教育机制完善程度的差异导致东部地区教育减贫趋势平稳，中部地区教育减贫呈现上升趋势，而西部地区由于经济发展缓慢和教育机制不完善导致教育减贫效应呈现下降趋势。除此之外，家庭人口变量减贫效应东部地区同样高于中西部地区，但是由于东中西部地区经济发展不均衡，东中部经济发展较快地区家庭人口数减贫效应呈现下降趋势，而西部经济发展较慢地区家庭人口数减贫效应呈现上升趋势，说明在经济发展初期，增加劳动人口更有助于降低居民贫困，而随着经济快速发展，劳动力人口素质提升减贫效应明显超过劳动力数量上升的减贫效应，因此针对不同区域教育减贫效应需采取针对性措施。

第八章

研究结论与政策建议

第一节　研　究　结　论

目前我国已经完成绝对贫困标准下的全面脱贫任务，进入巩固拓展脱贫攻坚成果阶段。针对这一时期巩固拓展脱贫攻坚成果及防返贫问题，本书以居民异质性为切入点，把其作为进一步巩固拓展脱贫攻坚成果的新动力，即将代表居民异质性的残差效应引入贫困分解中，提出包含增长效应、离散效应和异质效应的三维度贫困分解方法，进而构建了收入分布变迁视角下居民新的贫困分解方法的测度及其实证检验的理论方法体系，能够从微观视角更全面地揭示巩固拓展脱贫攻坚成果的新机制及新路径。同时利用非参数核密度估计、收入分布变迁的反事实分解，构建新的贫困分解框架，并采用二值选择模型、门限回归、系统GMM 估计和多层次 Logistic 模型等计量方法，实证检验三维贫困分解方法及其测度的稳健性，并从增长效应、离散效应和异质效应三个维度构建我国居民减贫的微观作用机制的新学术体系，得到以下几点结论：

第一，选取 CHNS 微观调查数据对收入分布变迁视角下的三维贫困分解方法进行测度与实证检验发现，增长效应依然具有减贫作用，但其减贫作用呈现下降趋势，且其主要降低贫困发生率；离散效应恶化贫困作用呈现上升趋势，且其主要恶化贫困深度和贫困强度；而异质效应的减贫作用呈现上升趋势，且其主要降低贫困深度和贫困强度，说明收入增长不足以弥补收入差距扩大带来的恶贫效应，而异质性效应则能够弥补收入差距扩大带来的贫困深度和贫困强度的恶化作用，意味着单纯地依靠经济增长和收入分配的减贫模式已不足以解决贫困问题，居民异质性因素在减贫进程中占据越来越重要的地位，因此在调节居民收入分布的同时加强人力资本积累能够更好地巩固拓展脱贫攻坚成果。除此之外，在区域视角下，东中西部地区居民脱贫效应并不一致。东部地区增长效应减贫效果逐渐下降，而在收入差距扩大进而恶化贫困问题背景下，异质性效应减贫效果愈加显著，因此应着重提升东部地区居民人口素质，进一步降低东部地区返贫风险。中西部地区增长效应和异质性效应减贫效果依然呈现上升趋势，意味着提升中西部地区居民收入依然具有显著的减贫效应，且提升人口素质能够有效降低中西部地区返贫风险。

第二，在三维贫困分解基础上，选取 CHNS 和 CFPS 微观数据库并采用二值选择模型对三维贫困分解指标及其测度方法的稳健性进行实证检验。结果表明，实证分析结果与贫困分解结果具有一致性，即虽然收入增长效应能够降低贫困，但是很难弥补收入差距扩大带来的恶贫效应；而离散效应和异质效应作用方向相反但作用效果对等，意味着异质效应的减贫作用能够弥补收入差距扩大带来的恶贫效应，进一步验证了三维贫困分解方法的稳健性。因此，在巩固拓展脱贫攻坚成果时期，将代表异质效应的残差变化引入传统的贫困分解中，从增长效应、离散效应和异质效应三个维度考察收入分布动态演变特征对我国居民贫困的影响机制更合理、更全面，更具有现实意义。

第三，在三维贫困分解的增长效应视角下，采取《中国统计年鉴》等提供的宏观数据，并利用系统 GMM 估计实证检验经济增长对我国居民减贫的作用机制。研究发现，经济增长有利于减贫，且经济增长的减贫作用明显高于金融发展和收入分配，数据分析表明，经济增长对减贫的贡献率高达50%左右，金融发展对减贫的贡献率达到13%左右，而收入分配对减贫的贡献率仅为 6% 左右。同时经济增长和收入分配与减贫之间存在明显的 U 形关系。除此之外，经济增长与金融发展之间存在正相关关系，与收入分配之间存在负相关关系，且金融发展和收入分配之间也存在负相关关系，说明金融发展一方面能够通过促进经济增长降低贫困，另一方面也能够通过缩小收入差距间接降低贫困。但是伴随着经济增长，收入分配差距也随之扩大，因此在经济增长减贫进程中，收入差距扩大必然会阻碍贫困的减缓。同时，受教育水平等异质性因素对经济增长均存在正向作用，意味着通过提高受教育水平等异质性因素促进经济增长能够间接缓解贫困问题。

第四，在三维贫困分解的离散效应视角下，选取 2012～2014 年 CFPS 微观调查数据并利用门限回归模型实证分析政府补助政策对我国居民减贫的作用效果，结果表明：政府补助减贫效应存在明显的门限特征，并通过门限估计发现政府补助福利政策对贫困居民脱贫的影响已不再具备整体性特征，并且仅当政府补助达到一定标准时，政府补助福利政策才能促进贫困居民减贫。过高的政府补助导致福利依赖，脱贫效果不显著，甚至增加居民返贫风险；过低的政府补助标准导致政府补助福利政策无效，居民脱贫效果不显著。其中，城乡居民低保补助脱贫效果最佳，但是工伤人员抚恤金和五保户补助脱贫效果较差。同时农村居民农业补助与退耕还林补助标准较低，不足以促使贫困居民摆脱贫困，需要伴随低保补助共同作用，才能达到脱贫效果。因此我们必须区分政府补助福利政策作用方式，采取最优政府补助福利政策进一步巩固拓展脱贫攻坚成果。

第五，在三维贫困分解的异质效应视角下，从地区异质性和个体异质性两个层面，利用多层次 Logistic 模型实证检验异质性在减贫进程中的作用机制。研究发现，地区异质性和个体异质性对减贫均存在显著影响。在区域层面上，地区收入不平等造成的恶贫效应存在上升趋势，收入差距扩大严重阻碍了减贫进程，城镇化则降低了居民贫困，消费率的变化虽然恶化了贫困，但是恶化趋势呈现下降趋势，说明在区域层面减贫政策上，应在缩小收入差距的同时，进一步促进城镇化发展；在个体层面上，年龄对贫困的影响逐渐不显著，家庭人口数的减贫效应呈现下降趋势，而受教育程度的提高促使我国贫困大幅度降低，说明应该在缩小收入差距的同时重视教育减贫，提高人口素质，实现可持续自主性减贫路径。除此之外，教育的减贫效应明显受区域变量影响，在不同区域教育影响贫困效应存在明显差异。我国东部地区教育减贫效应明显高于中西部地区，但是东中西部经济发展状况不均衡和教育体制完善程度差异导致东部地区教育减贫趋势平稳，中部地区教育减贫呈现上升趋势，西部地区由于经济发展缓慢和教育机制不完善导致教育减贫呈现下降趋势。

第二节　政策建议

上述实证分析从不同角度验证了引入收入分布变迁的三维贫困分解理论预期的合理性，将代表居民异质性的残差变化引入贫困分解中研究中国减贫机制更具有现实意义。研究结果表明，居民异质性在我国巩固拓展脱贫攻坚的时期将具有重要地位。异质性减贫效应与我国精准扶贫政策和多维贫困的研究不谋而合，单纯依靠经济增长和收入分配已不足以有效巩固拓展脱贫攻坚成果，因此需要新的机制及路径。本书据此提出以下几点政策建议：

首先，我国应进一步加强农村建设投入，实施乡村振兴战略，构建巩固拓展脱贫攻坚成果的长效机制。目前，巩固拓展脱贫攻坚成果的重点依然在农村，1980 年，我国有 76% 的农村居民处于贫困线以下。虽然 2020 年我国完成了绝对贫困标准下的全面脱贫任务，但是农村依然是巩固拓展脱贫攻坚成果的关键。一方面，政府支出应向农业倾斜，稳定农产品价格，保障农民的基本生活来源，并促进农村第二产业和第三产业的发展，改善农村产业经济结构，进一步增加农民收入；另一方面，完善政府转移性补贴机制，通过粮食和种子补贴等政策直接补贴农民；由第六章实证分析可知，农业补助与退耕还林补助脱贫效果随着补助范围扩大而出现上升趋势，因此应继续加强这两项补助的投入。除此之外，应加强我国农村金融体系建设，促进我国农村金融发展，构建普惠金融服务机制，扩大农民及低收入人口融资渠道，进而提升农民及低收入人口增收能力，进一步推进乡村振兴战略。在我国 2020 年完成全面脱贫目标后，依然需要关注中国农村发展状况，继续实施乡村振兴战略，构建巩固拓展脱贫攻坚成果的长效机制。

其次，完善我国政府补助机制，切实把握区域精准防返贫方向。由上述实证研究可知，偏低的政府补助支出，达不到脱贫标准，导致政策无效，而过高的政府补助又容易造成福利依赖陷阱，出现返贫风险。因此应进一步完善我国政府补助模式，降低资金补助比例，逐步增加其他方式的补助，如提供就业机会、增加免费技能培训和商品补贴等。除此之外，我国各地区经济发展存在较大差异，区域性特征明显，各地区应采取差异化政策。一是加强制定东部地区社会保障支出政策，以政府为主体的社会保障支出是促进社会公平的主要方式，在促进东部地区收入分配平衡的同时，应关注居民内生增长动力的提升，防止一味地加强保障带来的"福利陷阱"。二是促进中部地区效率与公平协调发展，在中部地区应加强刺激经济发展政策和社会保障政策协调发展，进一步巩固拓展脱贫攻坚成果，实现全面小康社会的建设。三是以刺激西部地区经济发展为主，促进社会公平政策为辅，巩固拓展西部地区脱贫攻坚成果，实现共同富裕。

最后，提高人力资本积累，完善教育机制和医疗健康体系，扩大有效就业，构建自主性防返贫机制。提高居民个体素质成为解决我国巩固脱贫成果的关键性因素，居民异质性在其中起到越来越重要的作用，应通过完善我国教育体制，加强建立居民专业培训体系，健全我国医疗健康产业，进一步提升我国人口素质，增强其自主发展能力。目前，在人口普遍流向经济发展较快地区的背景下，东部地区人口相对过剩，而中西部地区人口大量流失。一方面，这造成东部地区人口相对过剩，会限制人才作用的发挥；另一方面，中西部地区人口流失严重，并伴随着"人口红利"的消失，中西部地区必须加强人才积累政策。因此，扶持中西部地区产业结构升级迫在眉睫，随着产业结构不断升级，第三产业人才需求日益增加，在吸引人才回流的同时，加强中西部地区低收入人口技能培训，使其最大限度地享受产业结构升级带来的好处，并进一步拓宽产业发展渠道。除此之外，国家应在全国范围内加强第三产业人才培养投入，提供低收入人口低成本或无成本培训，促进低收入人口向第三产业人才转型，一方面可以解决低收入人口就业难及收入低问题，另一方面也可以解决我国劳动力市场结构性紧张问题。

参 考 文 献

[1] 柏豪：《中国人力资本内需与教育产业发展研究》，载《山东社会科学》2019 年第 3 期。

[2] 陈成文、吴军民：《从"内卷化"困境看精准扶贫资源配置的政策调整》，载《甘肃社会科学》2017 年第 2 期。

[3] 陈传波：《农户风险与脆弱性：一个分析框架及贫困地区的经验》，载《农业经济问题》2005 年第 8 期。

[4] 陈飞、卢建词：《收入增长与分配结构扭曲的农村减贫效应研究》，载《经济研究》2014 年第 2 期。

[5] 陈娟、孙敬水：《我国城镇居民收入不平等变动实证研究——基于收入分布变化分解的视角》，载《统计研究》2009 年第 9 期。

[6] 陈立中、张建华：《中国城镇主观贫困线测度》，载《财经科学》2006 年第 9 期。

[7] 陈立中、张建华：《中国转型时期城镇贫困变动趋势及其影响因素分析》，载《南方经济》2006 年第 8 期。

[8] 陈立中：《收入增长和分配对我国农村减贫的影响——方法、特征与证据》，载《经济学（季刊）》2009 年第 2 期。

[9] 陈立中：《转型时期我国多维度贫困测算及其分解》，载《经济评论》2008 年第 5 期。

[10] 陈绍华、王燕：《中国经济的增长和贫困的减少——1990—1999 年的趋势研究》，载《财经研究》2001 年第 9 期。

[11] 陈书：《"增长性贫困"与收入分配差异研究》，重庆大学博士学位论文，2012 年。

［12］陈银娥、李佳妮、文红霞：《中国社会福利制度反贫困的绩效分析——基于社会福利制度变迁的视角》，载《发展研究》2012 年第 9 期。

［13］陈银娥：《中国转型期的城市贫困与社会福利制度改革》，载《经济评论》2008 年第 1 期。

［14］陈云：《中国居民收入分布专题实证研究——居民收入分布变迁测度及其影响因素分解》，载《统计与信息论坛》2013 年第 2 期。

［15］陈宗胜、沈扬扬、周云波：《中国农村贫困状况的绝对与相对变动——兼论相对贫困线的设定》，载《管理世界》2013 年第 1 期。

［16］程名望、Jin Yanhong、盖庆恩、史清华：《农村减贫：应该更关注教育还是健康？——基于收入增长和差距缩小双重视角的实证》，载《经济研究》2014 年第 11 期。

［17］池振合、杨宜勇：《贫困线研究综述》，载《经济理论与经济管理》2012 年第 7 期。

［18］储成勇：《政府，贫困农民在脱贫中的研究——基于收入分配的博弈分析》，载《云南财贸学院学报（社会科学版）》2007 年第 5 期。

［19］崔艳娟、孙刚：《金融发展是贫困减缓的原因吗？——来自中国的证据》，载《金融研究》2012 年第 11 期。

［20］代蕊华、于璇：《教育精准扶贫：困境与治理路径》，载《教育发展研究》2017 年第 7 期。

［21］单德朋、郑长德、王英：《贫困乡城转移、城市化模式选择对异质性减贫效应的影响》，载《中国人口·资源与环境》2015 年第 9 期。

［22］单德朋：《教育效能和结构对西部地区贫困减缓的影响研究》，载《中国人口科学》2012 年第 5 期。

［23］都阳、蔡昉：《中国农村贫困性质的变化与扶贫战略调整》，载《中国农村观察》2005 年第 5 期。

［24］杜凤莲、孙婧芳：《经济增长、收入分配与减贫效应——基

于 1991—2004 年面板数据的分析》，载《经济科学》2009 年第 3 期。

[25] 段忠东:《房地产价格与通货膨胀、产出的非线性关系——基于门限模型的实证研究》，载《金融研究》2012 年第 8 期。

[26] 樊丽明、解垩:《公共转移支付减少了贫困脆弱性吗?》，载《经济研究》2014 年第 8 期。

[27] 樊士德、江克忠:《中国农村家庭劳动力流动的减贫效应研究——基于 CFPS 数据的微观证据》，载《中国人口科学》2016 年第 5 期。

[28] 范平花:《贫困减缓与教育发展:一个参与式治理的精准扶贫视角》，载《贵州财经大学学报》2017 年第 4 期。

[29] 范颖、唐毅:《基于贫困文化论的人口较少民族文化精准扶贫研究——以西藏自治区隆自县斗玉珞巴族文化扶贫为例》，载《农村经济》2017 年第 6 期。

[30] 方清云:《贫困文化理论对文化扶贫的启示及对策建议》，载《广西民族研究》2013 年第 4 期。

[31] 高帅、毕洁颖:《农村人口动态多维贫困:状态持续与转变》，载《中国人口·资源与环境》2016 年第 2 期。

[32] 高艳云、王曦璟:《教育改善贫困效应的地区异质性研究》，载《统计研究》2016 年第 9 期。

[33] 高元元、郑猛:《产业构成视角的经济增长减贫效应动态化研究——以 1995—2014 年滇西边境片区为例》，载《产经评论》2017 年第 1 期。

[34] 官留记:《政府主导下市场化扶贫机制的构建与创新模式研究——基于精准扶贫视角》，载《中国软科学》2016 年第 5 期。

[35] 巩前文、穆向丽、谷树忠:《扶贫产业开发新思路:打造跨区域扶贫产业区》，载《农业现代化研究》2015 年第 5 期。

[36] 郭建宇、吴国宝:《基于不同指标及权重选择的多维贫困测量——以山西省贫困县为例》，载《中国农村经济》2012 年第 2 期。

[37] 郭熙保、周强:《长期多维贫困、不平等与致贫因素》，载

《经济研究》2016 年第 6 期。

[38] 韩秀兰：《收入构成与中国居民家庭福利的益贫性改善》，载《统计与信息论坛》2015 年第 1 期。

[39] 韩旭峰、豆红玉：《甘肃省农村最低生活保障标准测算与分析——基于扩展线性支出模型》，载《西北人口》2017 年第 1 期。

[40] 何仁伟、李光勤、刘运伟等：《基于可持续生计的精准扶贫分析方法及应用研究——以四川凉山彝族自治州为例》，载《地理科学进展》2017 年第 2 期。

[41] 贺雪峰：《中国农村反贫困战略中的扶贫政策与社会保障政策》，载《武汉大学学报（哲学社会科学版）》2018 年第 3 期。

[42] 贺志武、胡伦：《社会资本异质性与农村家庭多维贫困》，载《华南农业大学学报（社会科学版）》2018 年第 3 期。

[43] 洪兴建、高鸿桢：《反贫困效果的模型分解法及中国农村反贫困的实证分析》，载《统计研究》2005 年第 3 期。

[44] 侯卉、王娜、王丹青：《中国城镇多维贫困的测度》，载《城市发展研究》2012 年第 12 期。

[45] 黄恒君：《收入不平等变迁特征的探索性分析——基于洛伦兹曲线的动态分解》，载《统计与信息论坛》2012 年第 10 期。

[46] 黄祖辉、王敏、万广华：《我国居民收入不平等问题：基于转移性收入角度的分析》，载《管理世界》2003 年第 3 期。

[47] 江帆、吴海涛：《分项收入不均等与城乡贫困的实证分析：以内蒙古为例》，载《统计与决策》2019 年第 3 期。

[48] 江华、杨雪：《农村低保线评估——基于需求层次与扩展线性支出法测算》，载《人口与经济》2014 年第 1 期。

[49] 江克忠、刘生龙：《收入结构、收入不平等与农村家庭贫困》，载《中国农村经济》2017 年第 8 期。

[50] 蒋辉、刘兆阳：《农户异质性对贫困地区特色农业经营收入的影响研究——微观农户数据的检验》，载《贵州社会科学》2016 年第 8 期。

[51] 蒋选、韩林芝：《教育与消除贫困：研究动态与中国农村的实证研究》，载《中央财经大学学报》2009 年第 3 期。

[52] 揭子平、丁士军：《农户多维贫困测度及反贫困对策研究——基于湖北省恩施市的农户调研数据》，载《农村经济》2016 年第 4 期。

[53] 金璟、李永前、起建凌：《马丁法与农民人均纯收入价格指标的统一问题探讨》，载《当代经济》2014 年第 6 期。

[54] 康璞、蒋翠侠：《贫困与收入分配不平等测度的参数与非参数方法》，载《数量经济技术经济研究》2009 年第 5 期。

[55] 李聪：《易地移民搬迁对农户贫困脆弱性的影响——来自陕南山区的证据》，载《经济经纬》2018 年第 1 期。

[56] 李丽、白雪梅：《我国城乡居民家庭贫困脆弱性的测度与分解——基于 CHNS 微观数据的实证研究》，载《数量经济技术经济研究》2010 年第 8 期。

[57] 李敏艺：《江苏省农村最低生活保障标准研究——基于扩展线性支出模型》，载《湖北农业科学》2018 年第 8 期。

[58] 李实：《中国农村劳动力流动与收入增长和分配》，载《中国社会科学》1999 年第 2 期。

[59] 李小云、于乐荣、齐顾波：《2000～2008 年中国经济增长对贫困减少的作用：一个全国和分区域的实证分析》，载《中国农村经济》2010 年第 4 期。

[60] 李小云：《我国农村扶贫战略实施的治理问题》，载《贵州社会科学》2013 年第 7 期。

[61] 李晓嘉：《教育能促进脱贫吗——基于 CFPS 农户数据的实证研究》，载《北京大学教育评论》2015 年第 4 期。

[62] 李雪萍、王蒙：《多维贫困"行动—结构"分析框架的建构——基于可持续生计、脆弱性、社会排斥三种分析框架的融合》，载《江汉大学学报（社会科学版）》2015 年第 3 期。

[63] 李永友、沈坤荣：《财政支出结构、相对贫困与经济增长》，载《管理世界》2007 年第 11 期。

［64］李裕瑞、曹智、郑小玉等：《我国实施精准扶贫的区域模式与可持续途径》，载《中国科学院院刊》2016 年第 3 期。

［65］梁凡、朱玉春：《农户贫困脆弱性与人力资本特征》，载《华南农业大学学报（社会科学版）》2018 年第 2 期。

［66］林伯强：《中国的经济增长、贫困减少与政策选择》，载《经济研究》2003 年第 12 期。

［67］林迪珊、张兴祥、陈毓虹：《公共教育投资是否有助于缓解人口贫困——基于跨国面板数据的实证检验》，载《财贸经济》2016 年第 8 期。

［68］林原、曹媞：《基于改进马丁法的最低工资标准测算模型研究》，载《商业时代》2012 年第 2 期。

［69］刘洪、王超：《组合分布在我国居民收入分布拟合中的应用研究》，载《统计研究》2017 年第 6 期。

［70］刘慧：《实施精准扶贫与区域协调发展》，载《中国科学院院刊》2016 年第 3 期。

［71］刘建平：《贫困线测定方法研究》，载《山西财经大学学报》2003 年第 4 期。

［72］刘解龙、陈湘海：《适时打造精准扶贫的升级版》，载《湖南社会科学》2017 年第 1 期。

［73］刘解龙：《精准扶贫精准脱贫中期阶段的理论思考》，载《湖南社会科学》2018 年第 1 期。

［74］刘靖、张车伟、毛学峰：《中国 1991～2006 年收入分布的动态变化：基于核密度函数的分解分析》，载《世界经济》2009 年第 10 期。

［75］刘小鹏、李永红、王亚娟：《县域空间贫困的地理识别研究——以宁夏泾源县为例》，载《地理学报》2017 年第 3 期。

［76］刘欣：《马丁法在我国农村贫困标准研究中的应用》，载《沈阳大学学报》1996 年第 4 期。

［77］刘修岩、章元、贺小海：《教育与消除农村贫困：基于上海

市农户调查数据的实证研究》，载《中国农村经济》2007 年第 10 期。

[78] 刘艳华、徐勇：《中国农村多维贫困地理识别及类型划分》，载《地理学报》2015 年第 6 期。

[79] 刘一伟、汪润泉：《收入差距、社会资本与居民贫困》，载《数量经济技术经济研究》2017 年第 9 期。

[80] 刘宇、聂荣：《收入差距、医疗保险与健康贫困的实证研究——基于 CFPS 数据的证据》，载《辽宁大学学报（哲学社会科学版）》2019 年第 4 期。

[81] 刘子宁、郑伟、贾若等：《医疗保险、健康异质性与精准脱贫——基于贫困脆弱性的分析》，载《金融研究》2019 年第 5 期。

[82] 柳建平、刘卫兵：《西部农村教育与减贫研究——基于甘肃 14 个贫困村调查数据的实证分析》，载《教育与经济》2017 年第 1 期。

[83] 龙莹：《中等收入群体比重变动的因素分解——基于收入极化指数的经验证据》，载《统计研究》2015 年第 2 期。

[84] 罗楚亮：《经济增长、收入差距与农村贫困》，载《经济研究》2012 年第 2 期。

[85] 马俊贤：《农村贫困线的划分及扶贫对策研究》，载《统计研究》2001 年第 6 期。

[86] 马文武、刘虔：《异质性收入视角下人力资本对农民减贫的作用效应研究》，载《中国人口·资源与环境》2019 年第 3 期。

[87] 毛伟、李超、居占杰：《经济增长、收入不平等和政府干预减贫的空间效应与门槛特征》，载《农业技术经济》2013 年第 10 期。

[88] 莫光辉、陈正文：《脱贫攻坚中的政府角色定位及转型路径——精准扶贫绩效提升机制系列研究之一》，载《浙江学刊》2017 年第 1 期。

[89] 庞永红、王芳芳、刘有斌：《新时期我国农村"增长性贫困"的预防对策》，载《安徽农业科学》2011 年第 34 期。

[90] 彭建刚、李关政：《我国金融发展与二元经济结构内在关系实证分析》，载《金融研究》2006 年第 4 期。

［91］阮敬、纪宏、刘楚萍：《分布视角下的异质性群体收入分配格局研究》，载《数理统计与管理》2015 年第 1 期。

［92］阮敬：《亲贫困增长理论与测度方法研究》，首都经济贸易大学博士学位论文，2008 年。

［93］沈宁、吴术：《我国的经济增长、收入不平等与贫困的变化分析》，载《经济视角（中旬）》2012 年第 3 期。

［94］沈扬扬：《经济增长与不平等对农村贫困的影响》，载《数量经济技术经济研究》2012 年第 8 期。

［95］沈扬扬：《收入增长与不平等对农村贫困的影响——基于不同经济活动类型农户的研究》，载《南开经济研究》2012 年第 2 期。

［96］沈扬扬：《中国农村经济增长与差别扩大中的收入贫困研究》，南开大学博士学位论文，2013 年。

［97］师荣蓉、丁改云：《金融发展多维减贫的空间溢出效应检验》，载《统计与决策》2019 年第 15 期。

［98］世界银行：《1980 年世界发展报告》，中国财政经济出版社1980 年版。

［99］苏鹏、孙巍、姜博：《收入分布变迁对社会总消费的影响》，载《当代经济研究》2014 年第 1 期。

［100］苏鹏、孙巍：《收入差距与内需不足：消费需求的非线性特征》，载《商业研究》2013 年第 12 期。

［101］苏鹏、孙巍：《消费需求结构失衡的收入变迁效应说及实证检验》，载《现代财经（天津财经大学学报)》2013 年第 9 期。

［102］孙巍、冯星、徐彬：《异质性视角下区域式精准扶贫研究——基于收入分布变迁贫困分解》，载《河北经贸大学学报》2019 年第 5 期。

［103］孙巍、冯星：《政府补助支出福利政策的脱贫效应》，载《改革》2018 年第 8 期。

［104］孙巍、苏鹏：《引入收入变迁因素的 AIDS 模型的扩展及实证检验》，载《数理统计与管理》2013 年第 4 期。

[105] 孙巍、苏鹏:《中国城镇居民收入分布的变迁研究》,载《吉林大学社会科学学报》2013 年第 3 期。

[106] 孙巍、杨程博:《收入分布变迁与消费结构转变——基于门限模型的非线性计量分析》,载《数理统计与管理》2015 年第 2 期。

[107] 孙秀玲、田国英、潘云等:《中国农村居民贫困测度研究——基于山西的调查分析》,载《经济问题》2012 年第 4 期。

[108] 唐钧:《社会政策的基本目标:从克服贫困到消除社会排斥》,载《江苏社会科学》2002 年第 3 期。

[109] 田伟:《连片特困区乡村多维贫困综合治理研究——以湘西州永顺县高坪乡为例》,载《经济研究导刊》2014 年第 12 期。

[110] 童星、林闽钢:《我国农村贫困标准线研究》,载《中国社会科学》1994 年第 3 期。

[111] 万广华、张茵:《收入增长与不平等对我国贫困的影响》,载《经济研究》2006 年第 6 期。

[112] 万君、张琦:《区域发展视角下我国连片特困地区精准扶贫及脱贫的思考》,载《中国农业大学学报:社会科学版》2016 年第 5 期。

[113] 汪三贵、郭子豪:《论中国的精准扶贫》,载《贵州社会科学》2015 年第 5 期。

[114] 汪晓文、马凌云、李玉洁:《基于 ELES 方法的甘肃农村贫困线测定分析》,载《兰州文理学院学报(社会科学版)》2011 年第 5 期。

[115] 王春超、叶琴:《中国农民工多维贫困的演进——基于收入与教育维度的考察》,载《经济研究》2014 年第 12 期。

[116] 王弟海:《健康人力资本、经济增长和贫困陷阱》,载《经济研究》2012 年第 6 期。

[117] 王海港:《我国居民收入分配的格局——帕雷托分布方法》,载《南方经济》2006 年第 5 期。

[118] 王嘉毅、封清云、张金:《教育与精准扶贫精准脱贫》,载《教育研究》2016 年第 7 期。

[119] 王建平:《连片特困地区政府扶贫资金的减贫效果评价——

以川西北藏区为例》，载《决策咨询》2015 年第 2 期。

［120］王兢：《拟合的收入分布函数在贫困线、贫困率测算中的应用》，载《经济经纬》2005 年第 2 期。

［121］王善平、蒋亚丽：《职业教育对农村贫困程度的降低效果研究——基于区域异质性的角度》，载《职业技术教育》2018 年第 1 期。

［122］王生云：《中国经济高速增长的亲贫困程度研究：1989 – 2009》，浙江大学博士学位论文，2013 年。

［123］王小林、尚晓援、徐丽萍：《中国老年人主观福利及贫困状态研究》，载《山东社会科学》2012 年第 4 期。

［124］王小鲁、樊纲：《中国地区差距的变动趋势和影响因素》，载《经济研究》2004 年第 1 期。

［125］王晓琦、顾昕：《中国贫困线水平研究》，载《学习与实践》2015 年第 5 期。

［126］王亚峰：《中国 1985～2009 年城乡居民收入分布的估计》，载《数量经济技术经济研究》2012 年第 6 期。

［127］王艳慧、钱乐毅、段福洲：《县级多维贫困度量及其空间分布格局研究——以连片特困区扶贫重点县为例》，载《地理科学》2013 年第 12 期。

［128］王艳明、许启发、徐金菊：《中等收入人口规模统计测度新方法及应用》，载《统计研究》2014 年第 10 期。

［129］王瑜、汪三贵：《特殊类型贫困地区农户的贫困决定与收入增长》，载《贵州社会科学》2016 年第 5 期。

［130］王雨磊：《精准扶贫何以"瞄不准"？——扶贫政策落地的三重对焦》，载《国家行政学院学报》2017 年第 1 期。

［131］王兆萍：《贫困文化的性质和功能》，载《社会科学》2005 年第 4 期。

［132］王兆萍：《贫困文化结构探论》，载《求索》2007 年第 2 期。

［133］魏后凯：《中国地区间居民收入差异及其分解》，载《经济研究》1996 年第 11 期。

[134] 魏众、B. 古斯塔夫森：《中国农村贫困机率的变动分析——经济改革和快速增长时期的经验》，载《中国农村观察》2000 年第 2 期。

[135] 文琦、施琳娜、马彩虹等：《黄土高原村域多维贫困空间异质性研究——以宁夏彭阳县为例》，载《地理学报》2018 年第 10 期。

[136] 吴海龙：《传统型贫困文化视角下少数民族村落贫困生成》，载《山西农业大学学报（社会科学版）》2018 年第 10 期。

[137] 夏庆杰、宋丽娜、Simon Appleton：《经济增长与农村反贫困》，载《经济学（季刊)》2010 年第 3 期。

[138] 肖佑恩、魏中海：《衡量我国农村贫困程度的指标体系》，载《中国科技论坛》1990 年第 3 期。

[139] 谢婷婷、司登奎：《收入流动性、代际传递与农村反贫困——异质性视角下新疆 30 个贫困县的实证分析》，载《上海财经大学学报》2014 年第 1 期。

[140] 辛秋水：《走文化扶贫之路——论文化贫困与贫困文化》，载《福建论坛·人文社会科学版》2001 年第 3 期。

[141] 徐爱燕、沈坤荣：《财政支出减贫的收入效应——基于中国农村地区的分析》，载《财经科学》2017 年第 1 期。

[142] 徐静、蔡萌、岳希明：《政府补贴的收入再分配效应》，载《中国社会科学》2018 年第 10 期。

[143] 徐舒、朱南苗：《异质性要素回报、随机冲击与残差收入不平等》，载《经济研究》2011 年第 8 期。

[144] 徐伟、章元、万广华：《社会网络与贫困脆弱性》，载《学海》2011 年第 4 期。

[145] 许汉泽、李小云：《"精准扶贫"的地方实践困境及乡土逻辑——以云南玉村实地调查为讨论中心》，载《河北学刊》2016 年第 6 期。

[146] 闫坤、孟艳：《反贫困实践的国际比较及启示》，载《国外社会科学》2016 年第 4 期。

[147] 杨程博、孙巍、苏鹏：《收入分布变迁对居民消费的影响机

制研究》，载《社会科学战线》2019 年第 7 期。

[148] 杨国涛：《宁夏农村贫困的演进与分布研究》，南京农业大学博士学位论文，2006 年。

[149] 杨立雄：《贫困线计算方法及调整机制比较研究》，载《经济社会体制比较》2010 年第 5 期。

[150] 杨龙、汪三贵：《贫困地区农户脆弱性及其影响因素分析》，载《中国人口·资源与环境》2015 年第 10 期。

[151] 杨天宇：《中国居民收入再分配过程中的"逆向转移"问题研究》，载《统计研究》2009 年第 4 期。

[152] 杨颖：《经济增长、收入分配与贫困：21 世纪中国农村反贫困的新挑战——基于 2002—2007 年面板数据的分析》，载《农业技术经济》2010 年第 8 期。

[153] 杨振、江琪、刘会敏等：《中国农村居民多维贫困测度与空间格局》，载《经济地理》2015 年第 12 期。

[154] 姚洪心、王喜意：《劳动力流动、教育水平、扶贫政策与农村收入差距——一个基于 multinomial logit 模型的微观实证研究》，载《管理世界》2009 年第 9 期。

[155] 姚建平：《我国城市贫困线与政策目标定位的思考》，载《社会科学》2009 年第 10 期。

[156] 尹飞霄：《人力资本与农村贫困研究：理论与实证》，江西财经大学博士学位论文，2013 年。

[157] 尹海洁、唐雨：《贫困测量中恩格尔系数的失效及分析》，载《统计研究》2009 年第 5 期。

[158] 攸频、田菁：《贫困减少与经济增长和收入不平等的关系研究——基于时序数据》，载《哈尔滨：管理科学》2009 年第 4 期。

[159] 于乐荣、李小云：《中国农村居民收入增长和分配与贫困减少——兼论农村内部收入不平等》，载《经济问题探索》2013 年第 1 期。

[160] 苑梅：《东北边境地区农村精准扶贫的建议》，载《中国财政》2017 年第 10 期。

[161] 张立军、湛泳：《金融发展与降低贫困——基于中国 1994~2004 年小额信贷的分析》，载《当代经济科学》2006 年第 6 期。

[162] 张萌旭、陈建东、蒲明：《城镇居民收入分布函数的研究》，载《数量经济技术经济研究》2013 年第 4 期。

[163] 张全红、张建华：《中国的经济增长、收入不平等与贫困的变动：1981—2001——基于城乡统一框架的分析》，载《经济科学》2007 年第 4 期。

[164] 张全红、张建华：《中国经济增长的减贫效果评估》，载《南方经济》2007 年第 5 期。

[165] 张全红、张建华：《中国农村贫困变动：1981—2005——基于不同贫困线标准和指数的对比分析》，载《统计研究》2010 第 2 期。

[166] 张全红、周强：《中国多维贫困的测度及分解：1989~2009 年》，载《数量经济技术经济研究》2014 年第 6 期。

[167] 张卫国、田逸飘、刘明月：《特色农业发展的减贫效应——基于收入增长和经济增长渠道的对比》，载《现代财经（天津财经大学学报）》2017 年第 6 期。

[168] 张艳涛、白云涛、韩国栋：《采用扩展线性支出系统来测算贫困线》，载《市场周刊：理论研究》2007 年第 11 期。

[169] 张永梅：《农村居民最低生活保障线的确定——基于扩展线性支出系统模型法（ELES）对江苏的研究》，引自《2007 年江苏省哲学社会科学界学术大会论文集（下）》，中共江苏省委宣传部、江苏省哲学社会科学界联合会，2007 年。

[170] 赵琪、丁四保、刘绍峰：《东北地区老工业城市贫困问题研究》，载《经济纵横》2007 年第 7 期。

[171] 赵蠡、焦建彬：《西部脱贫攻坚小康化医疗卫生精准脱贫模式研究》，载《中国软科学》2016 年第 7 期。

[172] 赵武、王姣玥：《新常态下"精准扶贫"的包容性创新机制研究》，载《中国人口·资源与环境》2015 年第 S2 期。

[173] 赵振全、于震、杨东亮：《金融发展与经济增长的非线性关

联研究——基于门限模型的实证检验》，载《数量经济技术经济研究》2007 年第 7 期。

[174] 赵志君：《收入分配与社会福利函数》，载《数量经济技术经济研究》2011 年第 9 期。

[175] 郑秉文：《拉美"增长性贫困"与社会保障的减困功能——国际比较的背景》，载《拉丁美洲研究》2009 年第 S1 期。

[176] 郑文升、丁四保、王晓芳等：《中国东北地区资源型城市棚户区改造与反贫困研究》，载《地理科学》2008 年第 2 期。

[177] 郑长德、单德朋：《集中连片特困地区多维贫困测度与时空演进》，载《南开学报（哲学社会科学版）》2016 年第 3 期。

[178] 周惠仙：《改革政府职能，提高扶贫资金使用效率》，载《经济问题探索》2005 年第 7 期。

[179] 周强、张全红：《农村非正规金融对多维资产贫困的减贫效应研究——基于 CFPS 微观家庭调查数据的分析》，载《中南财经政法大学学报》2019 年第 4 期。

[180] 周文、李晓红：《社会资本与消除农村贫困：一个关系—认知分析框架》，载《经济学动态》2008 年第 6 期。

[181] 周玉龙、孙久文、梁玮佳：《中国贫困程度的再估计——基于中国综合社会调查的空间异质性分析》，载《中国人民大学学报》2017 年第 1 期。

[182] 朱乾宇：《政府扶贫资金投入方式与扶贫绩效的多元回归分析》，载《中央财经大学学报》2004 年第 7 期。

[183] 朱晓阳：《进入贫困生涯的转折点与反贫困干预》，载《广东社会科学》2005 年第 4 期。

[184] 朱长存：《城镇中等收入群体测度与分解——基于非参数估计的收入分布方法》，载《云南财经大学学报》2012 年第 2 期。

[185] 祝建华：《贫困代际传递过程中的教育因素分析》，载《教育发展研究》2016 年第 3 期。

[186] 祝梅娟：《贫困线测算方法的最优选择》，载《经济问题探

索》2003 年第 6 期。

[187] 祝伟:《经济增长、收入分配与农村贫困》,兰州大学博士学位论文,2010 年。

[188] 邹薇、张芬:《农村地区收入差异与人力资本积累》,载《中国社会科学》2006 年第 2 期。

[189] Abosedra S, Shahbaz M, Nawaz K, Modeling Causality Between Financial Deepening and Poverty Reduction in Egypt. *Social Indicators Research*, Vol. 126, No. 3, 2015, pp. 1 – 15.

[190] Ahluwalia M S, Carter N G, Chenery H B, Growth and Poverty in Developing Countries. *Journal of Development Economics*, Vol. 6, 1979, pp. 299 – 341.

[191] Ahmad I A, Ran I S, Data Based Bandwidth Selection in Kernel Density Estimation with Parametric Start via Kernel Contrasts. *Journal of Nonparametric Statistics*, Vol. 16, No. 6, 2004, pp. 841 – 877.

[192] Akhter S, Daly K J, Finance and Poverty: Evidence from Fixed Effect Vector Decomposition. *Emerging Markets Review*, Vol. 10, No. 3, 2009, pp. 191 – 206.

[193] Alkire S, Foster J, Counting and Multidimensional Poverty Measurement. *Journal of Public Economics*, Vol. 95, No. 7, 2007, pp. 476 – 487.

[194] Alkire S, Foster J, Understandings and Misunderstandings of Multidimensional Poverty Measurement. Working Papers, Vol. 9, No. 2, 2011, pp. 289 – 314.

[195] Allen F, Qian J, Qian M, China's Financial System: Past, Present, and Future. *SSRN Electronic Journal*, 2007.

[196] Arellano M, Bond S, Some Tests of Specification for Panel Data: Monte Carlo Evidence and an Application to Employment Equations. *Review of Economic Studies*, Vol. 58, No. 2, 1991, pp. 277 – 297.

[197] Arellano M, Bover O, Another Look at the Instrumental Varia-

ble Estimation of Error-components Models. *Journal of Econometrics*, Vol. 68, 1995.

[198] Arestis P, Demetriades P O, Luintel K B, Financial Development and Economic Growth: The Role of Stock Markets. *Journal of Money Credit & Banking*, Vol. 33, No. 1, 2001, pp. 16 – 41.

[199] Autor D H, Katz L F, Kearney M S, Rising Wage Inequality: The Role of Composition and Prices. *Social Science Electronic Publishing*, 2005.

[200] Bakhtiari S, Microfinance and Poverty Reduction: Some International Evidence. *International Business & Economics Research Journal*, Vol. 5, No. 12, 2006, pp. 65 – 71.

[201] Banerjee A V, Newman A F, Occupational Choice and the Process of Development. *Journal of Political Economy*, Vol. 101, No. 2, 1993, pp. 274 – 298.

[202] Bank W, World Development Report 2000/2001: Attacking Poverty. *World Bank Publications*, Vol. 39, No. 6, 2001, pp. 1145 – 1161.

[203] Barr M S. Microfinance and Financial Development. University of Michigan Law School, The Berkeley Electronic Press, 2005, pp. 271 – 296.

[204] Barro R J, Inequality and Growth in a Panel of Countries. *Journal of Economic Growth*, Vol. 5, No. 1, 2000, pp. 5 – 32.

[205] Beaulier S A, Subrick J R, Poverty Traps and the Robust Political Economy of Development Assistance. *Review of Austrian Economics*, Vol. 19, No. 2 – 3, 2006, pp. 217 – 226.

[206] Behrman J R, Taubman P, The Intergenerational Correlation Between Children's Adult Earnings and Their Parents' Income: Results from the Michigan Panel Survey of Income Dynamics. *The Review of Income & Wealth*, Vol. 36, 1990.

[207] Blundell R, Bond S, Initial Conditions and Moment Restrictions in Dynamic Panel Data Models. *Economics Papers*, Vol. 87, No. 1, 1998,

pp. 115 – 143.

［208］Bosco B, Corruption, Fatigued Democracy and Bad Govern-ance: Are They Co – Determinants of Poverty Risk and Social Exclusion in Europe? A Cross – Country Macro – Level Comparison. Work Paper No. 323, University of Milan – Bicocca, 2016.

［209］Bosco B, Poggi A, Government Effectiveness, Middle Class and Poverty in the EU: A Dynamic Multilevel Analysis. *Review of Income and Wealth*, Vol. 66, No. 1, 2019.

［210］Bowman A, An Alternative Method of Cross-validation for the Smoothing of Density Estimates. *Biometrika*, Vol. 71, 1984, pp. 353 – 360.

［211］Byrne C A, Resnick H S, Kilpatrick D G, et al, The Socioe-conomic Impact of Interpersonal Violence on Women. *Journal of Consulting & Clinical Psychology*, Vol. 67, No. 3, 1999, pp. 362 – 366.

［212］Caminada K, Goudswaard K, Koster F, Social Income Trans-fers and Poverty: A Cross-country Analysis for OECD Countries. *International Journal of Social Welfare*, Vol. , No. 2, 2012, pp. 115 – 126.

［213］Chatterjee A, Mukherjee S, Kar S, Poverty Level of House-holds: A Multidimensional Approach Based on Fuzzy Mathematics. *Fuzzy Information & Engineering*, Vol. 6, No. 4, 2014, pp. 463 – 487.

［214］Chenery, et al, *Redistribution with Growth*. London: Oxford University Press, 1974.

［215］Clarke G R G, Xu L C, Zou H F, Finance and Income Ine-quality: What Do the Data Tell Us? *Southern Economic Journal*, Vol. 72, No. 3, 2006, pp. 578.

［216］Dagum C, A New Approach to the Decomposition of the Gini In-come Inequality Ratio. *Empirical Economics*, Vol. 22, No. 4, 1997, pp. 515 – 531.

［217］Dagum C, A New Model for Personal Income Distribution: Specification and Estimation. *Economie Appliquée*, Vol. 30, No. 3, 1977, pp. 413 – 437.

[218] Dasgupta S, Lucas R, Wheeler D, Small Manufacturing Plants, Pollution, and Poverty: New Evidence from Brazil and Mexico. *Social Science Electronic Publishing*, Vol. 15, 1998, pp. 289 – 303.

[219] Datt G, Ravallion M, Growth and Redistribution Components of Changes in Poverty Measures: A Decomposition with Applications to Brazil and India in the 1980s. *Journal of Development Economics*, Vol. 38, No. 2, 1991, pp. 275 – 295.

[220] Dawood S R S, Khoo S L, Poverty Eradication, Government Role and Sustainable Livelihood in Rural Malaysia: An Empirical Study of Community Perception in Northern Peninsular Malaysia. *Geografia – Malaysian Journal of Society and Space*, Vol. 12, No. 8, 2017.

[221] De Gregorio J and Kim S J, Credit Markets with Differences in Abilities: Education, Distribution, and Growth. *International Economic Review*, Vol. 41, No. 3, 2000, pp. 579 – 607.

[222] Deininger K, Squire L, New Ways of Looking at Old Issues: Inequality and Growth. *Journal of Development Economics*, Vol. 57, No. 2, 1998, pp. 259 – 287.

[223] Dercon S, Risk, Poverty and Vulnerability in Africa. *Journal of African Economies*, Vol. 14, No. 4, 2005, pp. 483 – 488.

[224] Dollar D, Kraay A, Dollar and Kraay Reply. *Foreign Affairs*, Vol. 81, No. 4, 2002, pp. 182 – 183.

[225] Dollar D, Kraay A, Growth is Good for the Poor. *Social Science Electronic Publishing*, 2000, 7 (3): 195 – 225.

[226] Dollar D, Kraay A, Trade, Growth, and Poverty. *Economic Journal*, Vol. 114, No. 493, 2010, pp. 22 – 49.

[227] Ebert U. Measures of Distance between Income Distributions. *Journal of Economic Theory*, Vol. 32, No. 2, 1984, pp. 266 – 274.

[228] Fan S, Gulati A, Thorat S, Investment, Subsidies, and Pro-

poor Growth in Rural India. *Agricultural Economics*, Vol. 39, No. 2, 2008, pp. 163 – 170.

[229] Fields G S, *Poverty, Inequality, and Development*. Cambridge: Cambridge University Press, 1980.

[230] Fields G, Yoo G, Falling Labor Income Inequality in Korea's Economic Growth: Patterns and Underlying Causes. *The Review of Income and Wealth*, Vol. 46, No. 2, 2000, pp. 139 – 159.

[231] Foster J, Greer J, Thorbecke E, A Class of Decomposable Poverty Measures. *Econometrica*, Vol. 52, No. 3, 1984, pp. 761 – 766.

[232] Galor O, Zeira J, Income Distribution and Macroeconomics. *Review of Economic Studies*, Vol. 60, No. 1, 1989, pp. 35 – 52.

[233] Ghosh P, Mookherjee D, Ray D, Credit Rationing in Developing Countries: An Overview of the Theory. *The Theory of Economic Development*, Vol. 69, No. 1, 2001, pp. 283 – 301.

[234] Gibrat R, *Les Inégalités Économiques*. Recueil Sirey, 1931.

[235] Goedhart T, Victor H, Arie K, and Bernard V P, The Poverty Line: Concept and Measurement. *The Journal of Human Resources*, Vol. 12, No. 4. 1977, pp. 503 – 520.

[236] Goldstein H, Multilevel Covariance Component Models. *Biometrika*, Vol. 74, No. 2, 1987, pp. 430 – 431.

[237] Gottschalk P, McLanahan S, Sandefur G D, The Dynamics and Intergenerational Transmission of Poverty and WelfareParlicipation, 1994.

[238] Greenwood J, Jovanovic B, Financial Development, Growth, and the Distribution of Income. *Journal of Political Economy*, Vol. 98, No. 2, 1990, pp. 1076 – 1107.

[239] Gulli H, Microfinance and Poverty: Questioning the Conventional Wisdom. New York: International American Development Bank, 1998.

[240] Gustafsson B, Shi L I, Expenditures on Education and Health Care and Poverty in Rural China. *China Economic Review*, Vol. 15, No. 3,

2004, pp. 292 – 301.

[241] Hagenaars A J M, Van Praag B M S, A Synthesis of Poverty Line Definitions. *The Review of Income and Wealth*, Vol. 31, No. 2, 1985, pp. 139 – 154.

[242] Hall P, Marron J S, Park B V, Smoothed Cross – Validation. *Probability Theory and Related Fields*, Vol. 92, No. 1, 1992, pp. 1 – 20.

[243] Hansen B, Sample Splitting and Threshold Estimation. *Econometrica*, Vol. 68, 2000, p. 575 – 603.

[244] Hansen B, Threshold Effects in Non-dynamic Panels: Estimation, Testing and Inference. *Journal of Econometrics*, Vol. 93, 1999, p. 345 – 368.

[245] Hanushek E A, Woessmann L, The Role of School Improvement in Economic Development. CESIFO Working Paper, Vol. 2, 2007, p. 97.

[246] Harding A, The Suffering Middle: Trends in Income Inequality in Australia, 1982 to 1993 – 94. *Australian Economic Review*, Vol. 4, 1997, pp. 341 – 358.

[247] Honohan P, Financial Development, Growth and Poverty: How Close are the Links? World Bank Policy Research Working Paper 3203, 2004.

[248] Imai K S, Gaiha R, Thapa G, Is the Millennium Development Goal on Poverty Still Achievable? The Role of Institutions, Finance and Openness. *Oxford Development Studies*, Vol. 38, No. 3, 2010, pp. 309 – 337.

[249] Immervoll H, Richardson L, Redistribution Policy and Inequality Reduction in OECD Countries: What Has Changed in Two Decades? IZA Discussion Paper, Vol. 10, 2011.

[250] JainL R, Tendulkar S D, Role of Growth and Distribution in the Observed Change of the Headcount Ratio Measure of Poverty: A Decomposi-

tion Exercise for India. Delhi: Indian Statistical Institute, Technical Report No. 9004, 1990.

[251] Jalilian H, Kirkpatrick C, Does Financial Development Contribute to Poverty Reduction? *Journal of Development Studies*, Vol. 41, No. 4, 2005, pp. 636 – 656.

[252] Jeanneney S G, Kpodar K, Financial Development and Poverty Reduction: Can There be a Benefit without a Cost? *Journal of Development Studies*, Vol. 47, No. 1, 2011, pp. 143 – 163.

[253] Jenkins S P, Kerm P V, Accounting for Income Distribution Trends: A Density Function Decomposition Approach. *Journal of Economic Inequality*, Vol. 3, No. 1, 2005, pp. 43 – 61.

[254] Jenkins S P, Van Kerm P, Assessing Individual Income Growth. *Economica*, Vol. 83, No. 332, 2016, pp. 679 – 703.

[255] Jia X, Heidhues F, Zeller M, Credit Rationing of Rural Households in China. *Agricultural Finance Review*, Vol. 70, No. 1, 2010, pp. 37 – 54.

[256] Kakwani N, On a Class of Poverty Measures. *Econometrica*, Vol. 48, No. 2, 1980, pp. 437 – 446.

[257] Kakwani N, Pernia E M, What is Pro-poor Growth? *Asian Development Review*, Vol. 18, No. 1, 2000.

[258] Kakwani N, Pernia E, What is Pro – Poor Growth?. *Asian Development Review*, Vol. 18, No. 1, 2000, pp. 1 – 16.

[259] Kakwani N, Subbarao K, Rural Poverty and Its Alleviation in India. *Economic & Political Weekly*, Vol. 27, No. 18, 1992, pp. 971 – 972.

[260] Kakwani N, Subbarao K, Rural Poverty and Its Alleviationin India. *Economic and Political Weekly*, Vol. 31, No. 31, 1990.

[261] Kenworthy L, Do Social-welfare Policies Reduce Poverty? A Cross-national Assessment. *Social Forces*, Vol. 77, No. 3, 1999, pp. 1119 – 1139.

[262] Kim K, Lambert P, Redistributive effect of U. S: Taxes and

Public Transfers, 1994 – 2004. *Public Finance Review*, Vol. 37, No. 1, 2009, pp. 3 – 26.

［263］Klasen S. Poverty, Undernutrition, and Child Mortality: Some Inter-regional Puzzles and Their Implications for Research and Policy. *Journal of Economic Inequality*, Vol. 6, No. 1, 2008, pp. 89 – 115.

［264］Kristjánsson A S, Income Redistribution in Iceland: Development and European Comparisons. *European Journal of Social Security*, Vol. 4, 2013, pp. 92 – 423.

［265］Krueger A B, Lindahl M, Education for Growth: Why and For Whom? *Journal of Economic Literature*, Vol. 39, No. 4, 2001, pp. 1101 – 1136.

［266］Kurosaki T, Khan H, Human Capital, Productivity, and Stratification in Rural Pakistan. *Review of Development Economics*, Vol. 10, No. 1, 2010, pp. 116 – 134.

［267］Kuznets S, Economic Growth and Income Inequality. *American Economic Review*, Vol. 45, No. 1, 1955, pp. 1 – 28.

［268］Lemieux T, Increasing Residual Wage Inequality: Composition Effects, Noisy Data, or Rising Demand for Skill? *American Economic Review*, Vol. 96, No. 3, 2006.

［269］Lewis O, The Culture of Poverty. *Scientific American*, Vol. 1, No. 1, 1966, pp. 19 – 25.

［270］Lindert K, Skoufias E, Shapiro J, Redistributing Income to the Poor and the rich: Public Transfers in Latin America and the Caribbean. World Bank SP Discussion Paper, Vol. 6, No. 5, 2006.

［271］Lipton M, Ravallion M, *Handbook of Development Economics* (Volume 3), Amsterdam: Elsevier, 1995, pp. 2551 – 2657.

［272］Mahjabeen R, Microfinancing in Bangladesh: Impact on Households, Consumption and Welfare. *Journal of Policy Modeling*, Vol. 30, No. 6, 2008, pp. 1083 – 1092.

[273] Maldonado J H, Claudio González – Vega, Impact of Microfinance on Schooling: Evidence from Poor Rural Households in Bolivia. *World Development*, Vol. 36, No. 11, 2008, pp. 2440 – 2455.

[274] Mansuri G, Credit Layering in Informal Financial Markets. *Journal of Development Economics*, Vol. 84, No. 2, 2007, pp. 0 – 730.

[275] Maurer N, Haber S, Related Lending and Economic Performance: Evidence from Mexico. *Journal of Economic History*, Vol. 67, No. 3, 2007, pp. 551 – 581.

[276] McDonald J B, Some Generalized Functions for the Size Distribution of Income. *Econometrica: Journal of the Econometric Society*, Vol. 52, 1984, pp. 647 – 663.

[277] McDonald J B, Xu Y X, Some Forecasting Applications of Partially Adaptive Estimators of ARIMA Models. *Economics Letters*, Vol. 45, No. 2, 1994, pp. 155 – 160.

[278] Micheal H, Other America Poverty in the United States. *Social Service Review*, Vol. 37, No. 1, 1967, pp. 104 – 104.

[279] Nickell S, Biases in Dynamic Models with Fixed Effects. *Econometrica*, Vol. 49, No. 6, 1981, pp. 1417 – 1426.

[280] Nurkse R, *Problems of capital formation in developing countries*. New York: Columbia UP, 1953.

[281] Nurkse R, Problems of Capital Formation in Underdeveloped Countries. *The Economic Journal*, Vol. 63, No. 252, 1953.

[282] Oaxaca R, Male and Female Wage Differentials in Urban Labor Marke. *International Economic Review*, No. 3, 1973.

[283] Odhiambo N M, Finance-growth-poverty nexus in South Africa: A dynamic causality linkage. *The Journal of Socio – Economics*, Vol. 38, No. 2, 2009, pp. 320 – 325.

[284] Odhiambo N M, Is Financial Development a Spur to Poverty Reduction? Kenya's Experience. *Journal of Economic Studies*, Vol. 37, No. 3,

2010, pp. 343 – 353.

[285] Ordoñez P, Financial Development and Poverty: A Panel Data Analysis. *SSRN Electronic Journal*, 2012.

[286] Park A, Wang S, Wu G. Regional Poverty Targeting in China. *Journal of Public Economics*, Vol. 86, No. 1, 2002, pp. 123 – 153.

[287] Pittau M G, Zelli R, Testing for Changing Shapes of Income Distribution: Italian Evidence in the 1990s from Kernel Density Estimates. *Empirical Economics*, Vol. 29, No. 2, 2004, pp. 415 – 430.

[288] Polak P, *Out of Poverty: What Works when Traditional Approaches Fail.* Oakland: Berrett – Koehler Publishers Inc. , 2008.

[289] Pradhan M, Ravallion M, Measuring Poverty Using Qualitative Perceptions of Consumption Adequacy. *Review of Economics & Statistics*, Vol. 82, No. 3, 2002, pp. 462 – 471.

[290] Quartey P, Financial Sector Development, Savings Mobilization and Poverty Reduction in Ghana. Financial Development, Institutions, Growth and Poverty Reduction, 2008.

[291] Rajan R G, Zingales L, Banks and Markets: The Changing Character of European Finance. CEPR Discussion Papers, 2003.

[292] Rajan R G, Zingales L, The Great Reversals: The Politics of Financial Development in the 20th Century. *Journal of Financial Economics*, Vol. 69, No. 1, 2003, pp. 5 – 50.

[293] Ravallion M, Chen S H, China's Progress Against Poverty. *Journal of Development Economics*, Vol. 82, No. 1, 2007, pp. 0 – 42.

[294] Ravallion M, Chen S H, Measuring Pro-poor Growth. *Economics Letters*, Vol. 78, No. 1, 2001, pp. 93 – 99.

[295] Ravallion M, Growth, Inequality and Poverty: Looking Beyond Averages. *World Development*, Vol. 29, No. 11, 2001, pp. 1803 – 1815.

[296] Ravallion M, Poverty Lines in Theory and Practice. Living Standards Measurement Study Working Paper, Number 133. *Economic Fac-*

tors, Vol. 53, 1998, pp. 53.

[297] Reed W J, On Pareto's Law and the Determinants of Pareto Exponents. *Journal of Income Distribution*, Vol. 13, 2004, pp. 7 – 17.

[298] Reed W J, The Pareto Law of Incomes—An Explanation and an Extension. *Physica A: Statistical Mechanics and its Applications*, Vol. 319, 2003, pp. 469 – 486.

[299] Rowntree B S, Hunter R, Poverty: A Study of Town Life. *Charity Organisation Review*, Vol. 11, No. 65, 1902, pp. 260 – 266.

[300] Salem A B Z, Mount T D, A Convenient Descriptive Model of Income Distribution: The Gamma Density. *Econometrica*, Vol. 42, No. 6, 1974, pp. 1115 – 1127.

[301] Schader M, Schmid F, Fitting Parametric Lorenz Curves to Grouped Income Distributions—A Critical Note. *Empirical Economics*, Vol. 19, No. 3, 1994, pp. 361 – 370.

[302] Schultz T W, Investing in Poor People: An Economist's View. *American Economic Review*, Vol. 55, No. 1/2, 1965, pp. 510 – 520.

[303] Schultz, Theodore W, Investment in Human Capital. *The American Economic Review*, Vol. 1, No. 2, 1961, pp. 1 – 17.

[304] Sen A K, Poverty: An Ordinal Approach to Measurement. *Econometrica*, Vol. 44, No. 2, 1976, pp. 219 – 231.

[305] Sen A, *Poverty and Famines: An Essay on Entitlement and Deprivation*. London: Oxford University Press, 1981.

[306] Shorrocks A F, Decomposition Procedures for Distributional Analysis: A Unified Framework Based on the Shapley Value. *Journal of Economic Inequality*, Vol. 11, No. 1, 2013, pp. 99 – 126.

[307] Shorrocks B, Sevenster J G, Explaining Local Species Diversity. *Proceedings Biological Sciences*, Vol. 260, No. 1359, 1995, pp. 305 – 309.

[308] Sicular M T, Rethinking Inequality Decomposition, with Evi-

dence from Rural China. *The Economic Journal.*

[309] Singh S K, Maddala G S, A Function for Size Distribution of Incomes: Reply. *Econometrica*, Vol. 46, No. 2, 1978, pp. 461 – 461.

[310] Son H H, A Note on Pro-poor Growth. *Economics Letters*, Vol. 82, No. 3, 2004, pp. 307 – 314.

[311] Son H H, Kakwani N, Global Estimates of Pro-poor Growth. *World Development*, Vol. 36, No. 6, 2008, pp. 1048 – 1066.

[312] Stoppa G, *A New Model for Income Size Distributions.* In Dagum C, Zenga M (Eds.), Income and Wealth Distribution, Inequality and Poverty. Berlin: Springer – Verlag, 1990.

[313] Su P, Jiang X C, Yang C B et al., Insufficient Consumption Demand of Chinese Urban Residents: An Explanation of the Consumption Structure Effect from Income Distribution Change. *Sustainability*, Vol. 11, No. 4, 2019, pp. 984.

[314] Taillie C, Lorenz Ordering within the Generalized Gamma Family of Income Distributions. *Statistical Distributions in Scientific Work*, No. 6, 1981, pp. 181 – 192.

[315] Teal F, The Price ofLabour and Understanding the Causes of Poverty. *Labour Economics*, Vol. 18, No. 6, 2011, pp. 7 – 15.

[316] Thon D, On Measuring Poverty. *Review of Income & Wealth*, Vol. 25, No. 4, 1979, pp. 429 – 439.

[317] Townsend P, *Poverty in the United Kingdom: A Survey of Household Resources and Standards of Living.* Oakland: University of California Press, 1979.

[318] Turner M A, Moving out of Poverty: Expanding Mobility and Choice through Tenant – Based Housing Assistance. *Housing Policy Debate*, Vol. 9, No. 2, 1998, pp. 373 – 394.

[319] Valletta R G, The Ins and Outs of Poverty in Advanced Economies: Government Policy and Poverty Dynamics in Canada, Germany, Great

Britain, and the United States. *Review of Income and Wealth*, Vol. 52, No. 2, 2006, pp. 261 – 284.

[320] Van Praag H M, The Significance of Biological Factors in the Diagnosis of Depressions: I Biochemical Variables. *Comprehensive Psychiatry*, Vol. 23, No. 2, 1982, pp. 124 – 135.

[321] Van R C, Stewart R, De W T, The Impact of Microfinance in Sub – Saharan Africa: A Systematic Review of the Evidence. *World Development*, Vol. 40, No. 11, 2012, pp. 2249 – 2262.

[322] Wan, G, Accounting for Income Inequality in Rural China. *Journal of Comparative Economics*, Vol. 2, 2004.

[323] Wang C, Caminada K, Disentangling Income Inequality and the Redistributive Effect of Social Transfers and Taxes in 36 LIS Countries. LIS Working Paper, No. 567, 2011.

[324] White H, Anderson E, Growth versus Distribution: Does the Pattern of Growth Matter? . *Development Policy Review*, Vol. 19, No. 3, 2010, pp. 267 – 289.

[325] Wolfson M C, When Inequalities Diverge. *American Economic Review*, Vol. 84, No. 2, 1994, pp. 353 – 358.

[326] Wu X M, Perloff J M, China's Income Distribution, 1985 – 2001. *Review of Economics & Statistics*, Vol. 87, No. 4, 2005, pp. 763 – 775.

[327] Wu X M, Perloff J M, Golan A, Effects of Government Policies on Urban and Rural Income Inequality. *Review of Income & Wealth*, Vol. 52, No. 2, 2006, pp. 213 – 235.

[328] Yao S, Zhang Z, Hanmer L, Growing Inequality and Poverty in China. *China Economic Review*, Vol. 15, No. 2, 2004, pp. 145 – 163.

后　　记

改革开放以来，随着我国社会经济的快速发展，居民贫困问题迅速减缓，并于 2020 年完成绝对贫困标准下的全面脱贫目标。但这并不意味着我国扶贫进程的终结，而是代表我国扶贫工作进入了新的阶段，即巩固拓展脱贫攻坚成果阶段。党的十九届四中全会公报指出要建立解决相对贫困的长效机制，党的十九届五中全会提出巩固拓展脱贫攻坚成果并进一步推进乡村振兴，同时党的二十大指出要实现共同富裕目标。因此推进巩固拓展脱贫攻坚成果与乡村振兴的有效衔接并实现共同富裕目标是后扶贫时代我们要解决的问题。目前我国已经完成现行标准下全面脱贫任务，但是贫困边缘群体依然存在。同时，脱贫群体收入水平较低，面对风险冲击更易返贫。且随着相对贫困线的动态演变，相对贫困群体规模可能存在上升趋势。因此我们必须精准识别相对贫困及边缘群体，深入分析我国贫困的动态演变趋势及作用机理，进而采取有效政策进一步推进我国脱贫攻坚成果巩固与乡村振兴的有效衔接，防止脱贫群体再返贫，并实现共同富裕的最终目标。而总结绝对贫困标准下的减贫经验，并深入分析我国贫困形成的深层次机理，是后扶贫时代进一步巩固拓展脱贫攻坚成果并实现共同富裕目标的必由之路，因此本书构建"增长—离散—异质"效应的三维贫困分解框架，并以此为基础从不同视角深入分析我国贫困问题。

感谢在本书撰写过程中给予指导和支持的专家：孙巍、董恺强等；感谢经济科学出版社编辑人员付出的努力和辛勤的工作；还有许多在本书完成过程中给予大力帮助和支持的同学和同事,在此也表示感谢!

由于作者专业局限、水平有限,加之时间紧张,错误与遗漏之处在所难免,敬请领导与同志们批评指正。

冯 星

2022 年 11 月 9 日